基础教育改革与发展丛书
（第四辑）

丛书总主编　朱林生

基于SPSS的基础教育的测量与评价

JIYU SPSS DE
JICHU JIAOYU DE CELIANG YU PINGJIA

柏传志　王志祥　编著

苏州大学出版社
Soochow University Press

图书在版编目(CIP)数据

基于 SPSS 的基础教育的测量与评价 / 柏传志,王志祥编著. —修订本. —苏州：苏州大学出版社, 2019.12（2021.8 重印）
（基础教育改革与发展丛书 / 朱林生总主编. 第四辑）
ISBN 978-7-5672-3074-3

Ⅰ.①基… Ⅱ.①柏… ②王… Ⅲ.①基础教育－教育测验－研究②基础教育－教育评估－研究 Ⅳ.①G632.0

中国版本图书馆 CIP 数据核字（2019）第 291495 号

书　　名	**基于 SPSS 的基础教育的测量与评价**
编　　著	柏传志　王志祥
责任编辑	征　慧
出版发行	苏州大学出版社
	（地址：苏州市十梓街 1 号　邮编：215006）
印　　刷	广东虎彩云印刷有限公司
开　　本	700 mm × 1 000 mm　1/16
字　　数	191 千
印　　张	12
版　　次	2019 年 12 月第 1 版
	2021 年 8 月第 2 次印刷
书　　号	ISBN 978-7-5672-3074-3
定　　价	35.00 元

若有印装错误,本社负责调换
苏州大学出版社营销部　电话：0512－67481020
苏州大学出版社网址　http：//www.sudapress.com
苏州大学出版社邮箱　sdcbs@suda.edu.cn

"基础教育改革与发展丛书"第四辑
编委会

主任委员：朱林生

副主任委员：纪丽莲　赵宜江　张元贵

委　　　员：（按姓氏笔画排序）

王志祥　孔凡成　任建波　孙智宏

李相银　吴克力　宋明镜　邵广侠

柏传志　顾书明

前　言

《国家中长期教育改革和发展规划纲要(2010—2020年)》明确把提高教育质量作为教育改革发展的核心任务,并多次强调与教育质量的监测和评价相关的内容。教育测量与评价是所有教学活动成功的基础,也是教育相关决策的重要依据。教育测量与教育评价是相互关联的,教育测量侧重于从量的规定性上对学生在学校教育的影响下其发展的程度与水平予以确定与描述的过程;教育评价则是按照一定的价值标准和教育目标,利用测量和非测量的种种方法系统收集资料信息,对学生的发展变化及其影响学生发展变化的各种因素进行价值分析和价值判断,并为教育决策提供依据的过程。

教师是否具备较高的教育测量与评价能力直接左右着对其教学成效的认识、对教育目标的达成度的判断、对学生发展程度与水平的评判等,也一定程度上影响着教师自身的专业成长。教师具备一定的教育测量与评价素养是教师专业成长的重要途径和必备的专业素养。

在中小学教学的实践中,在涉及学生管理、学生的智力因素以及非智力因素等方面的评价时,大多数教师往往凭借自己的经验笼统地说好或不好,很少去进行统计、分析、测量、评价。例如在对试卷进行质量分析时,不仅要对所命制试题是否符合命题规则和考核目标等方面进行质性分析,同时也需要根据考生的作答情况进行量化分析,使教育评价方法从对立走向统一与多元,从而更逼真地反映教育现象和问题的本质。另外,广大教师及教育硕士在各种教研活动、调研项目及毕业论文中,都要涉及运用教育统计的方法与技术的问题。

教育统计,就是应用数理统计学的一般原理和方法,对教育科研和教育实践中所获得的数据进行整理、计算、分析与解释。其主要内容包括以下两个方面:(1)描述统计,就是将数据资料加以整理、简缩,使之有序化,制作成次数分布表或分布图;或根据数据的分布特征,如集中趋势、离中趋势、相关强度等,计算出平均数、标准差、相关系数等概括性的统计量数,以便人们从杂乱的原始数据中获得有意义的信息,进行比较,作出结论。(2)推断统计,是从样本统计量来推断它来自总体的特性,并标明可能发生的误差的统计方法。在现实的教育研究中,限于人力、物力,总是从总体中抽取出有代表性的样本,然后从样本统计量出发对总体的特征进行推断,即进行相应的"显著性检验"等统计分析工作。在统计推断的基础上,研究者将对所研究的问题做出自己的解释、预测或估计。我们在教育研究中,主要关心的是两个或多个变量之间是否存在某种关系。一个实际问题的两个因素如果单凭经验,人们往往认为两者之间有联系,但是从研究的角度看,必须要用一定的方法和数据去验证它们之间的确存在内在联系。例如,相关性研究就是处理这类问题的一种方法。相关性研究有两个目的:一是探索变量之间的联系,二是从被试在一个变量上的得分去预测他在另一个变量上的得分。在数据分析方面,相关性研究的数据用相关系数和回归分析处理,预测性研究主要用回归分析处理。

对于数学基础薄弱的外行人而言,统计学理论是复杂且较难以掌握的。现在有了统计学软件,使用者仅需要关心某个问题应该采用何种统计方法,并掌握对计算结果的解释,而不需要掌握统计学理论与方法。SPSS是目前较流行的统计学软件。

SPSS(Statistical Program for Social Sciences)由美国SPSS公司1970年推出,迄今已有近50年的历史,是国际著名三大社会科学统计软件包之一(SAS、SPSS、Statis)。SPSS功能强大,界面友好,易学,易于操作,易于入门,结果易于阅读。SPSS界面完全是菜单式,使用下拉式菜单来选择所需要执行的复杂的统计命令,使用Windows的窗口方式展示各种管理和分析数据办法的功能,使用对话框展示出各种功能选择项。SPSS具有完整的数据输入、数据管理和准备、编辑、统计分析、报表、图形制作、结果报告的完整过程。SPSS特别适合设计调查方案、对数据进行统计分析,以及制作研究报告中的相关图表。SPSS的统计功能包含了《教育统计学》中的所有项目,即常规的集中量数和差异量数、相关分析、回归分析、方差分析、卡方检验、t检验和非参数检验。也包括多元统计分析,如多元回归分析、协方差分析、聚类分析、判别分析、主成分分析和因子分析等方法。

对于从事基础教育的一线教师,日常教学工作量大,教学任务重,但是他们有丰富的经验与翔实的数据。将这些数据利用起来,进行研究分析,从而对相关的教与学进行一些测量与评价,形成有意义的教育研究成果是一线教师迫切想做的事情。但是他们的统计学基础可能较为薄弱,统计研究的工具软件与统计方法可能不太熟悉。如何用最短的时间掌握运用统计软件来处理相关的统计问题的能力,是本书编写的主要目的。本书主要通过案例,说明如何应用 SPSS 来解决教学与教育科研中经常遇到的较典型的数据统计问题,着重怎么用。就像我们一般人开汽车,只需要知道怎么开及注意事项,多加实践即可,而不需要系统地掌握汽车工作的原理后再开车。

本书共十二章,用翔实的教育研究案例介绍了统计软件 SPSS 在基础教育领域的应用。本版在本书第一版的基础上进行了修订。精选案例呈现每一个知识点,同时,讲解 SPSS 的操作步骤,对于分析的结果给出了详细的解读。每一个案例都有可迁移性,读者可以很容易地将案例换成自己感兴趣的课题。本书也介绍了一些统计学的基本方法,但读者大多可以略去不看,直接从案例入手。

本书适用于从事基础教育的一线教师,也可以用于教育硕士的教育测量与评价课程的参考用书。

目 录
Contents

第1章　教育研究数据的准备

1.1　在 SPSS 中建立数据文件的一般方法 …………………………… 1
1.2　单项选择题的数据文件的建立 …………………………………… 6
1.3　多项选择题的数据文件的建立 …………………………………… 8
1.4　填空题的数据文件的建立 ………………………………………… 11
1.5　读取其他格式的数据文件 ………………………………………… 11

第2章　教育研究数据的预处理

2.1　排序 ………………………………………………………………… 19
2.2　变量计算 …………………………………………………………… 20
2.3　分类汇总 …………………………………………………………… 22
2.4　数据分组 …………………………………………………………… 25
2.5　数据拆分 …………………………………………………………… 31
2.6　计数 ………………………………………………………………… 32
2.7　个案选择 …………………………………………………………… 35

第3章　教育研究数据的基本统计分析方法

3.1　计算教育研究数据的基本描述统计量 …………………………… 40
3.2　单变量的频数分析 ………………………………………………… 45
3.3　多变量交叉分组下的频数分析 …………………………………… 50

3.4 多项选择题的频数分析 ……………………………………………… 59

第 4 章　参数检验在教育研究中的应用

4.1 假设检验的基本步骤 …………………………………………………… 68
4.2 单样本 t 检验在教育研究中的应用 …………………………………… 68
4.3 两独立样本 t 检验 ……………………………………………………… 70
4.4 两配对样本的 t 检验 …………………………………………………… 72

第 5 章　非参数检验在教育研究中的应用

5.1 单样本的非参数假设检验 ……………………………………………… 75
5.2 两样本的非参数假设检验 ……………………………………………… 78
5.3 P-P 图与 Q-Q 图 ………………………………………………………… 81

第 6 章　SPSS 方差分析

6.1 方差分析的作用 ………………………………………………………… 83
6.2 相关概念 ………………………………………………………………… 83
6.3 单因素方差分析 ………………………………………………………… 84
6.4 多因素方差分析 ………………………………………………………… 90
6.5 协方差分析 ……………………………………………………………… 95

第 7 章　相关分析在教育研究中的应用

7.1 相关分析 ………………………………………………………………… 99
7.2 偏相关分析 ……………………………………………………………… 105

第 8 章　回归分析在教育研究中的应用

8.1 什么是回归分析 ………………………………………………………… 108

- 8.2 回归分析的一般步骤 …………………………………………… 108
- 8.3 线性回归分析和线性回归模型 ………………………………… 108
- 8.4 回归方程的统计检验 …………………………………………… 110
- 8.5 多元回归分析中的其他问题 …………………………………… 111
- 8.6 线性回归分析在教育研究中的应用 …………………………… 113
- 8.7 曲线估计在教育研究中的应用 ………………………………… 124

第 9 章　因子分析在教育统计中的应用

- 9.1 方法概述 ………………………………………………………… 134
- 9.2 基本原理 ………………………………………………………… 134
- 9.3 因子分析的基本操作 …………………………………………… 135

第 10 章　聚类分析在教育研究中的应用

- 10.1 聚类分析的基本原理 …………………………………………… 145
- 10.2 层次聚类 ………………………………………………………… 148
- 10.3 K-Means 聚类 …………………………………………………… 155

第 11 章　判别分析在教育研究中的应用

- 11.1 判别分析概述 …………………………………………………… 159
- 11.2 判别分析法的应用 ……………………………………………… 159

第 12 章　信度和效度分析

- 12.1 信度分析 ………………………………………………………… 167
- 12.2 效度分析 ………………………………………………………… 174

参考文献 ………………………………………………………………… 180

第1章 教育研究数据的准备

1.1 在SPSS中建立数据文件的一般方法

在 SPSS 中建立数据文件可分为以下两个步骤：

第一步 建立数据结构。

这个类似于建立一个二维表格的表头，如图 1-1 所示的箭头所指示的部分。

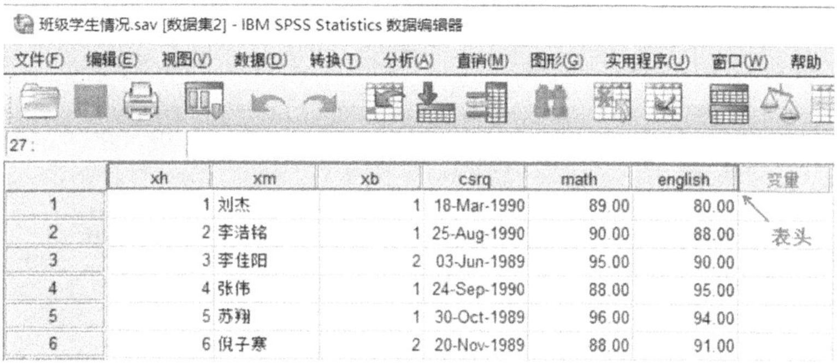

图 1-1

数据结构的建立是在数据编辑窗口中的"变量视图"中进行的。每一列的表头在 SPSS 中称作变量，在"变量视图"中定义变量及其属性。如图 1-2 所示。

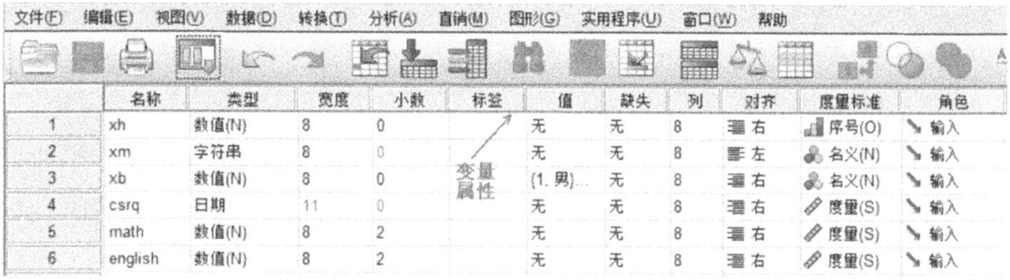

图 1-2

一个变量的属性包括变量的名称(即变量名)、变量类型、宽度、小数位数、变量标签、值标签、缺失值、列宽、对齐方式、度量标准、角色等。下面分别解释它们的含义。

(1) 变量名、变量类型、宽度、小数位数。

变量名是 SPSS 访问和分析的唯一标识。在定义 SPSS 数据时应首先给出变量名。SPSS 数据编辑窗口中,变量名将显示在数据视图中列标题的位置上。

变量名的命名规则是:变量名的字符个数不多于 64 个(32 个汉字);首字母应以英文字母开头,后面可以跟除了!、?、*之外的字母或数字;下划线、圆点不能作为变量名的最后一个字母;允许汉字作为变量名;变量名不能与 SPSS 的保留字相同,如 ALL、BY、AND、NOT、OR 等;SPSS 有默认的变量名,它以字母"VAR"开头,后面补足五位数字,如 VAR00001、VAR00002 等。

变量名的输入位置是在"变量视图"窗口中的"名称"一列的单元格中。

变量类型是指每个变量取值的类型,也就是当变量定义好了以后,在"数据视图"窗口中用户输入的数据类型。SPSS 中有三种基本数据类型,分别为数值型、字符型和日期型。相应的类型会有默认的宽度和小数位数,在"变量视图"窗口中"宽度"与"小数"两个属性中显示出来。用户可以修改这两个属性,以改变数据的宽度与小数位数。

在"变量视图"窗口中,单击"类型"列中某个变量所在的单元格右侧带有"..."的按钮,将弹出"变量类型"对话框,如图 1-3 所示。在此对话框中可以进行变量类型、长度和小数点位数等属性的设置。

① 数值型变量(标准型、逗号型、句点型、科学计数型、美元型、用户自定义型)。

标准型(数值):标准型是 SPSS 最常用的类型,也是默认的数据类型。默认长度为 8,小数位数为 2。

图 1-3

逗号型(逗号)和句点型(点):逗号型和句点型变量以及后面的科学计数型都是数值型变量的特殊表达形式,可以使较长数据的表达更为清晰。逗号型变量用句点来分隔整数部分和小数部分,整数部分从个位开始每 3 位以一个逗号相隔;而句点型变量则与逗号型恰好相反,以逗号作为小数部分和整数部分的分隔符,而以句点分隔较长的整数部分。这两种变量类型的默认长度都是 8,小数位数都是 2。

科学计数型(科学计数法):科学计数型使用科学计数法表示数据。默认长度为 8,包括数据尾部的正负号、字母 E 和幂次;默认小数位数为 2。

美元型(美元):这种变量类型在数据前自动加上美元符号。当用户选择美元型变量时,对话框中会自动出现数据格式列表,可根据需要选择不同的数据格式。

用户自定义型(设定货币):可供用户根据需要自己定制数据的表现方式。

② 字符型变量(字符串)。

字符型变量由一个字符串组成,能够区分大小写,不能参加算术计算,但可以用特殊的字符型函数进行一些特定的运算。字符型变量中可输入数据的长度可以在"字符"框后面的输入框中由用户随意设置。

③ 日期型变量(日期)。

日期型变量用于表示日期或时间。单击"日期"单选按钮后,变量类型对话框中自动出现日期型数据的格式列表,用户可以根据需要选择日期型数据的格式。例如,dd-mmm-yyyy 格式中,dd 表示两个字符位的日期,mmm 表示英文月份的缩写,yyyy 表示四个字符位的年份。如 22-JAN-2014 表示 2014 年 1 月 22 日。同样的日期用 mm/dd/yyyy 格式则应表示为:01/22/2014。

(2)变量标签。

变量标签是对变量名含义的进一步解释说明,它可增强变量名的可视性和统计分析结果的可读性。变量标签可以用中文。总长度可达 120 个字符,但在统计分析结果的显示中,一般不可能显示如此长的标签信息。如果变量名是中文的,则通常无须变量标签。变量标签在"变量视图"窗口中的"标签"一列的单元格中输入。在"数据视图"窗口中,当把鼠标指针移动到变量名上不动时,会在变量的右下方显示变量标签的内容。

(3)值标签。

值标签是对变量所取值含义的解释说明,对于定类型和定序型数据尤为重要(下文中将会解释这两个名词的含义)。

例如,对于性别变量,假设用数值 1 表示男,用数值 2 表示女,那么人们看到的数据就仅仅是 1 和 2 这样的符号,通常很难弄清 1 代表男还是女,但如果为性别变量附加变量值标签,并给出 1 和 2 的实际指代,则会使数据含义非常清楚。再如,对于职称变量,可以用 1、2、3、4 分别表示"高级工程师"、"工程师"、"助理工程师"和"无技术职称"。

可见值标签对于定序数据和定类数据来说是必不可少的。它不但明确了数据的含义,也增强了最后统计分析结果的可读性。值标签可以用中文。值标签这个属性是可以省略的,但是建议最好给出定序或定类变量的变量值标签。单击"值"所在列的任一变量所在

图 1-4

的单元格右侧带有"…"的按钮可以打开"值标签"定义对话框,如图1-4 所示。

(4)缺失值。

此处定义缺失数据。缺失数据的处理是数据分析准备过程中的一个非常重要的环节。数据中明显错误或明显不合理的数据以及漏填的数据都可看作缺失数据。

例如,在某项满分为 100 分的测验中,如果一个学生的成绩统计结果为 110 分,这个数据显然是一个不符合实际情况的失真数据,是一个缺失数据。再如,在某项对教师满意度的问卷调查数据中,某个被调查者的年级没有填,是空缺的,这也是一个缺失数据。

SPSS 的缺失值可以是:对字符型或数值型变量,用户缺失值可以是 1~3 个特定的离散值;对一个数值型变量,用户缺失值可以在一个连续区间内并同时附加一个区间以外的离散值。单击"缺失"所在列的任一变量所在的单元格右侧带有"…"的按钮可以打开"缺失值"定义对话框,如图 1-5 所示。

(5)列宽、对齐方式。

这两个属性主要用于定义在"数据视图"窗口中数据的显示格式。在"变量视图"窗口中,"列"用于定义单元格的列宽,系统默认列宽为 8。"对齐"用于定义数据的对齐方式,系统默认的对齐方式为右对齐。用户不要将这里的列宽与变量的宽度混淆。变量的宽度是指变量能存

图 1-5

放数据的字节数，列宽主要指的是单元格的宽度，是数据编辑窗口中该变量占的字符列数。

(6) 度量标准。

这个属性非常重要，初学者常常会把这个属性与变量类型混淆。"变量类型"属性决定了用户在单元格中可以输入哪种类型的数据；"度量标准"属性决定了我们最终能用什么样的统计分析方法去分析当前的数据。度量标准将数据分为三大类，即定距、定序、定性型数据。

定距型数据一般指连续型与离散型，可以比较大小并进行四则运算。如身高、体重、某门功课的成绩等。定序型数据具有内在大小或高低顺序，但又不同于定距型数据，一般可以用数值或字母表示。如中、高、低，老、中、青，可以分别用 1、2、3 或 A、B、C 表示。它代表了一定的顺序，算术运算的结果没有实际意义。定性型数据是指没有内在的固有大小或高低顺序，仅用于区分类别，一般以数值或字符表示。如性别中的男、女，民族中的汉、回、满等。对定性型数据中的数值比较大小与算术运算没有实际意义。在"变量视图"窗口中，单击"度量标准"所在列的单元格可以定义度量标准。其中的"度量""序号""名义"分别对应着"定距""定序""定性"三种类型数据。

(7) 角色。

角色属性是为配合 SPSS 公司的另外一个软件 SPSS Modelerde，能够让它们之间无缝连接而新增的一个变量属性。某些对话框支持可用于预先选择分析变量的预定义角色。当打开其中一个对话框时，满足角色要求的变量将自动显示在目标列表中。可用角色包括：输入，变量将用作输入(如预测变量、自变量)；目标，变量将用作输出或目标(如因变量)；两者，变量将同时用作输入和输出；无，变量没有角色分配；分区，变量将用于将数据划分为单独的训练、检验和验证样本；拆分，包括以便与 IBM&reg、SPSS&reg、Modeler 相互兼容。具有此角色的变量不会在 IBM&reg、SPSS&reg、Statistics 中用作拆分文件变量。默认情况下，为所有变量分配输入角色。这包括外部文件格式的数据和 SPSS Statistics 18 之前版本的数据文件。角色分配只影响支持角色分配的对话框，它对命令语法没有影响。在"变量视图"窗口中，单击"角色"所在列的单元格可以定义变量角色。

一个定义比较完整的数据结构如图 1-2 所示。

当数据结构建立完成后就可以输入个案了，这里的个案对应着一份调查问卷或是一个人的个人信息等，或是一份试卷的得分情况。个案的输入在“数据视图”中进行，如图 1-6 所示。

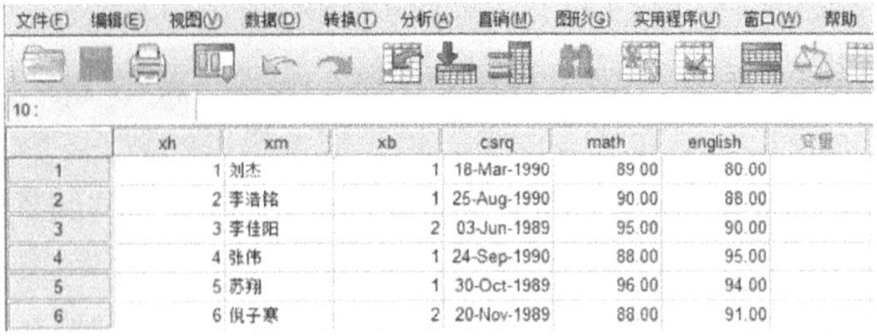

	xh	xm	xb	csrq	math	english	变量
1	1	刘杰	1	18-Mar-1990	89.00	80.00	
2	2	李浩铭	1	25-Aug-1990	90.00	88.00	
3	3	李佳阳	2	03-Jun-1989	95.00	90.00	
4	4	张伟	1	24-Sep-1990	88.00	95.00	
5	5	苏翔	1	30-Oct-1989	96.00	94.00	
6	6	倪子寒	2	20-Nov-1989	88.00	91.00	

图 1-6

个案输入结束后保存文件，SPSS 数据文件的扩展名为“.sav”。

1.2 单项选择题的数据文件的建立

在课程测试的试卷分析中，要对单项选择题的解答情况进行分析，这就涉及单项选择题的数据文件的建立问题。在定义结构时通常一个选择题设置一个变量。

案例 1-1 如图 1-7 所示的是一份试卷的三个选择题。

一、选择题

1. 如图，小明要测量河内小岛 B 到河边公路 l 的距离，在 A 点测得 $\angle BAD=30°$，在 C 点测得 $\angle BCD=60°$，又测得 $AC=50$ 米，则小岛 B 到公路 l 的距离为(▲)

A. 25 米　B. $25\sqrt{3}$米　C. $\frac{100\sqrt{3}}{3}$米　D. $(25+25\sqrt{3})$米

2. 对于任意两个实数对 (a,b) 和 (c,d)，规定：当且仅当 $a=c$ 且 $b=d$ 时，$(a,b)=(c,d)$. 定义运算“$\otimes$”：$(a,b)\otimes(c,d)=(ac-bd,ad+bc)$.

若 $(1,2)\otimes(p,q)=(5,0)$，则 (p,q) 为(▲)

A. $(1,-2)$　B. $(2,-2)$　C. $(2,-1)$　D. $(1,2)$

3. 如图，已知圆 O 的半径为 R，AB 是圆 O 的直径，D 是 AB 延长线上一点，DC 是圆 O 的切线，C 是切点，连结 AC，若 $\angle CAB=30°$，则 BD 的长为(▲)

A. $2R$　B. $\sqrt{3}R$　C. R　D. $\frac{\sqrt{3}}{2}R$

图 1-7

有两位同学给的答案分别依次为 B、A、C 与 B、A、D，建立这两位同学的试卷的选择题答题情况的 SPSS 统计数据的步骤如下：

■ 在"变量视图"中定义三个变量，分别对应三个选择题，其变量属性如图 1-8 所示。

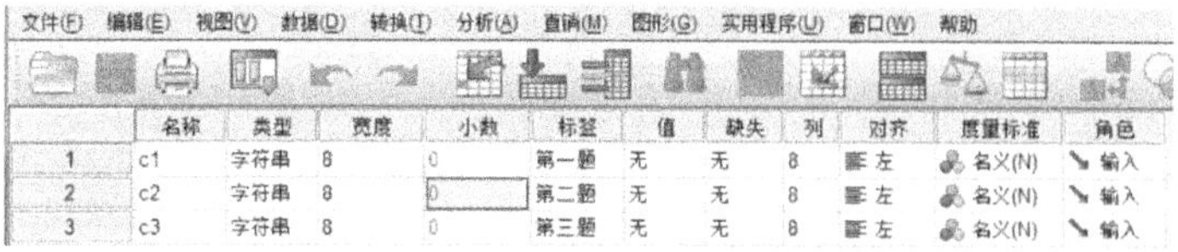

图 1-8

■ 在"数据视图"中输入两位同学的选择题答案后的结果如图 1-9 所示。

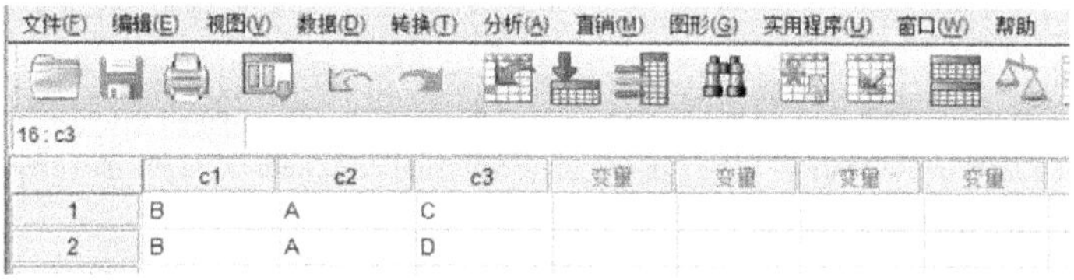

图 1-9

完成后的数据保存在"选择题的数据 1.sav"中。

上述案例 1-1 也可以按图 1-10 所示定义结构，按图 1-11 所示输入两位同学的选择题答案。

图 1-10

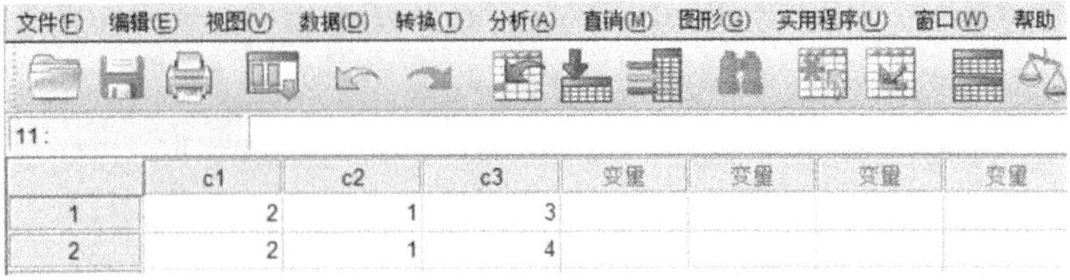

图 1-11

完成后的数据保存在"选择题的数据 2.sav"中。

1.3 多项选择题的数据文件的建立

对于多项选择题的数据文件的建立,就不像单项选择题那么简单方便,这种问题如果用 SPSS 进行分析,则要重新编码,即将一个问题根据研究的目的分解为若干个小问题,然后再进行频数分析。多项选择题的重新编码有两种方法:一种是二分法;另一种是分类法。这一节用两个案例说明如何对多项选择题进行重新编码。

案例 1-2 如图 1-12 所示的是一份试卷中的一个多项选择题,对该问题用二分法重新编码。

一、多项选择题

1. 在以速度 $v_1 = 20$ m/s 向南行驶的甲车上的乘客看来,乙车向北行驶;在以速度 $v_2 = 30$ m/s 向北行驶的丙车上的乘客看来,乙车向南行驶. 则关于乙车相对于地面的运动情况,下列说法正确的是(▲)

　　A. 可能以 25 m/s 的速度向南行驶

　　B. 可能以 25 m/s 的速度向北行驶

　　C. 可能以 15 m/s 的速度向南行驶

　　D. 可能以 15 m/s 的速度向北行驶

图 1-12

现在有两位同学的答案,第一位同学的答案为:BCD;第二位同学的答案为:BD。我们采用"二分法",对选择题进行重新编码。这个选择题有四个选择支,即四个备选答案。因此,将这个选择题按选择支的个数分解成四个子问题:① 选择的是 A 吗? ② 选择的是 B 吗? ③ 选择的是 C 吗? ④ 选择的是 D 吗? 对于每个子问题设置一个变量,每一个变量或者取 1 或者取 0;取 1

表示字母被选择,取 0 表示字母没有被选择。由此,一个问题要用四个变量与之对应。建立这两位同学的试卷的选择题答题情况的 SPSS 统计数据的步骤如下:

■ 在"变量视图"中定义四个变量,分别对应四个选择支,其变量属性如图 1-13 所示。

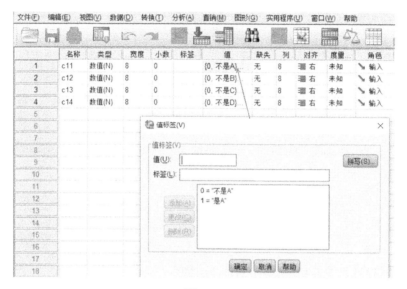

图 1-13

■ 在"数据视图"中输入两位同学的选择题答案后的结果如图 1-14 所示。

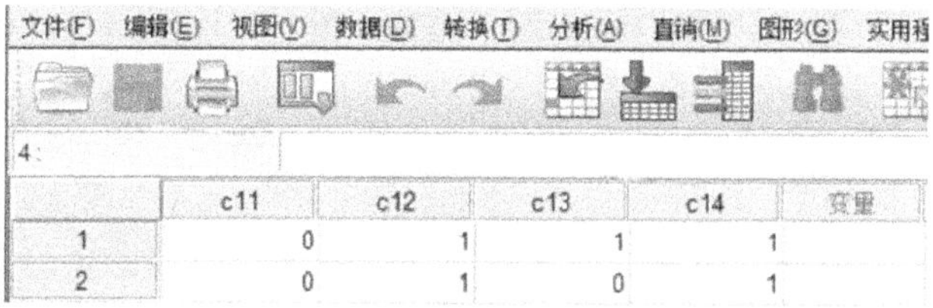

图 1-14

完成后的数据保存在"选择题的数据 3.sav"中。若有更多的多项选择题,则建立数据时的操作用类似的方法。

案例 1-3 如图 1-15 所示的是一份对任课老师满意度调查问卷中的一个问题。对该问题用分类法重新编码。

一、多项选择题

1. 从以下六门课的任课老师中选出你满意的三位老师,并且按满意度由高到低的顺序排列(▲)、(▲)、(▲)

　　A. 语文　　　　　　　B. 数学　　　　　　　C. 英语
　　D. 物理　　　　　　　E. 化学　　　　　　　F. 地理

图 1-15

显然,这个多选题与案例 1-2 中的多选题不同,不同点在于给出答案的个数是确定的并且有顺序性。这样的问题就要使用分类法进行分解。

分类法的做法是根据要给出的答案的个数设置变量的个数。每一个变量的值可以是选择支中的任意一个。具体操作如下:

■ 在"变量视图"中定义三个变量,分别对应三个答案,其变量属性如图 1-16 所示。

图 1-16

■ 在"数据视图"中输入调查的结果后的数据如图 1-17 所示(部分)。数据保存在"教师的满意度调查数据.sav"中。

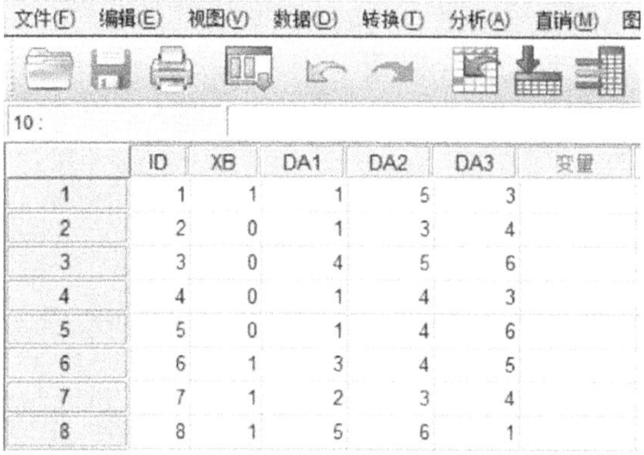

	ID	XB	DA1	DA2	DA3	变量
1	1	1	1	5	3	
2	2	0	1	3	4	
3	3	0	4	5	6	
4	4	0	1	4	3	
5	5	0	1	4	6	
6	6	1	3	4	5	
7	7	1	2	3	4	
8	8	1	5	6	1	

图 1-17

这里的建立单项选择题及多项选择题数据文件的方法也适用于一般的调查问卷的数据文件的建立。

1.4　填空题的数据文件的建立

填空题的数据文件建立的方法，类似于单项选择题的数据文件建立的方法。对于每一个填空题设置一个变量与之对应，该变量取 1 表示正确，取 0 表示错误。具体步骤不再赘述。

1.5　读取其他格式的数据文件

SPSS 可以读取或调用多种不同格式的外部数据文件，这里仅就 SPSS 对比较常见的几种外部文件的读取方式进行介绍。

(1) 读取 Excel 文件。

当前版本的 SPSS 可以很容易地读取 Excel 数据，与读取 SPSS 数据并无太大差别。假设上述职工信息已经存在于 Excel 文件“班级学生情况. xls”中，则可以按下述步骤将数据读入 SPSS。

■ 选择菜单：文件→打开→数据，打开“打开数据”对话框，在“文件类型”下拉列表中选择“Excel(*. xls, *. xlsx, *. xlsm)”，如图 1-18 所示。

■ 选择要打开的 Excel 文件“班级学生情况. xls”，单击“打开”按钮，打开“打开 Excel 数据源”对话框，如图 1-19 所示。

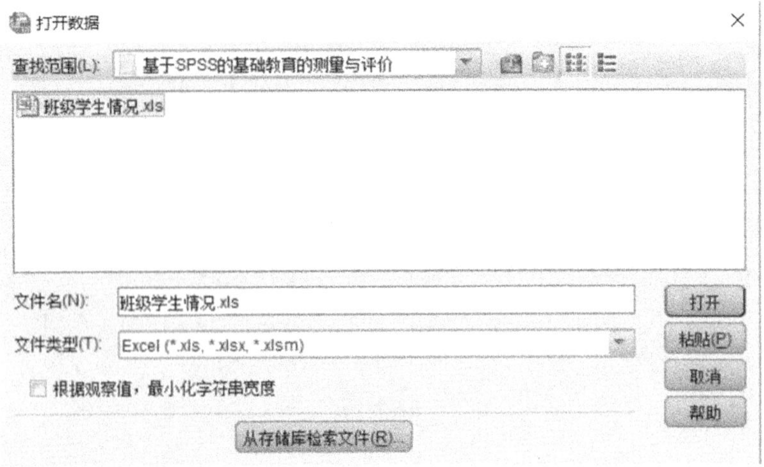

图 1-18

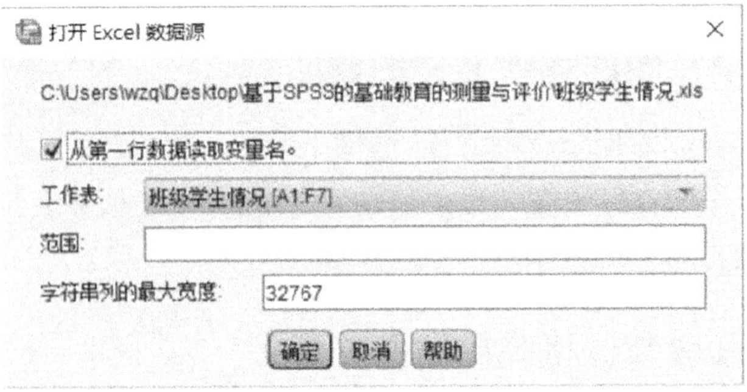

图 1-19

对话框中各选项的意义如下：

"从第一行数据读取变量名"复选框：将 Excel 数据表中第一行的有效字符作为 SPSS 变量名。

"工作表"下拉列表：选择所需读取的数据所在的 Excel 工作簿中的工作表。

"范围"输入框：用于限制读取数据在 Excel 工作表中的位置。

本例中只需按 SPSS 系统默认选项，单击"确定"按钮，即可正确读入所需的数据。读入的数据可以另存为 SPSS 数据文件。

（2）读取 ASCII 码文件。

ASCII 码文件是一种经常使用的数据文件格式，常以文本文件的格式保存在计算机中。SPSS 可以读取两种类型的 ASCII 码文件，即固定宽度格式和使用分隔符的格式。所谓固定宽度格式，是指在数据文件中每一个观测占用一行，且不同观测的同一变量值在每一行中的起始位置与终止位置相同；所谓使用分隔符的格式，是指每个观测的不同变量值之间用某个特定的分隔符隔开（如逗号、制表符）。由于更常见的 ASCII 码文件是使用分隔符的格式，如图 1-20 所示，所以下面结合实例来介绍 SPSS 对这种格式 ASCII 码数据文件的读取步骤。

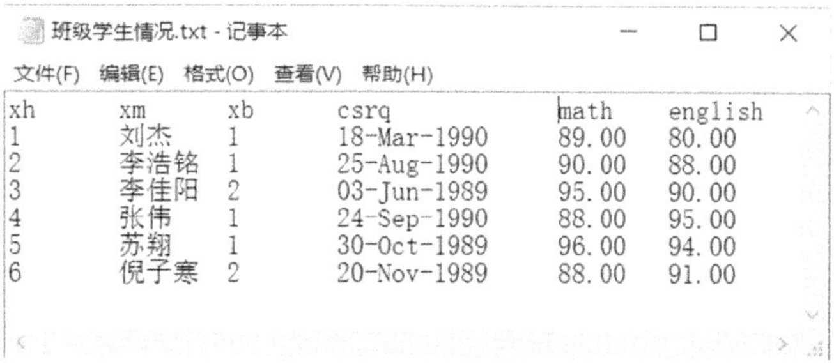

xh	xm	xb	csrq	math	english
1	刘杰	1	18-Mar-1990	89.00	80.00
2	李浩铭	1	25-Aug-1990	90.00	88.00
3	李佳阳	2	03-Jun-1989	95.00	90.00
4	张伟	1	24-Sep-1990	88.00	95.00
5	苏翔	1	30-Oct-1989	96.00	94.00
6	倪子寒	2	20-Nov-1989	88.00	91.00

图 1-20

■ 选择菜单：文件→打开→数据，打开“打开数据”对话框。在“文件类型”下拉列表中选择“文本格式（ *. txt， *. dat）”。在文件列表中选择要打开的文件“班级学生情况. txt”，如图 1-21 所示。

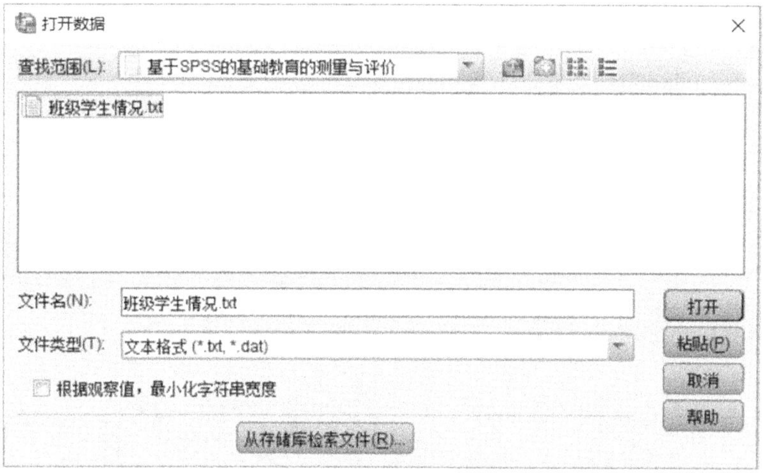

图 1-21

■ 单击“打开”按钮，打开“文本导入向导-第 1 步，共 6 步”对话框，如图 1-22 所示。

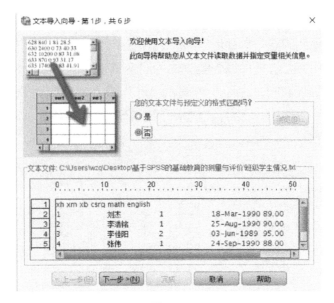

图 1-22

回答对话框中的询问"您的文本文件与预定义的格式匹配吗?",如果需要,单击"是"单选按钮,再单击"预览"按钮,则跳出对话框要求选择一个扩展名为".tpf"的文件进行格式匹配。通常保持这个默认的"否"选项,直接单击"下一步"按钮,打开如图 1-23 所示的"文本导入向导-第 2 步(共 6 步)"对话框。

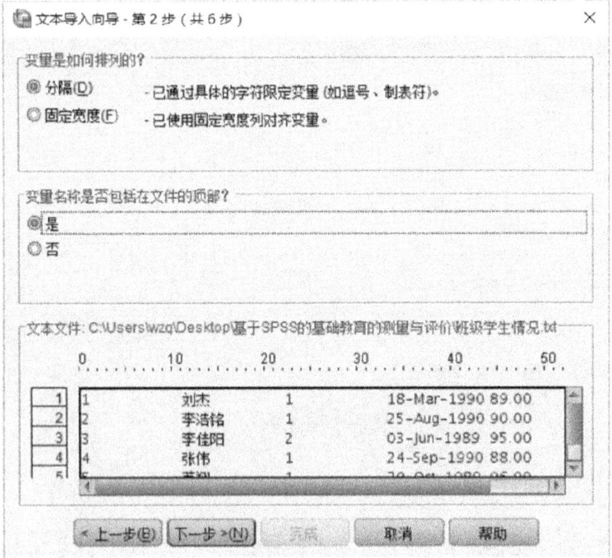

图 1-23

■ 在图 1-23 中有两组选项需要选择。

"变量是如何排列的?":询问读入的数据是使用分隔符的格式还是固定格式。这里选择"分隔"选项。

"变量名称是否包括在文件的顶部?":询问读入的数据第一行是否包含变量名。我们给出的数据的第一行包含了变量名,所以选择"是"选项。单击"下一步"按钮,打开如图 1-24 所示的对话框。

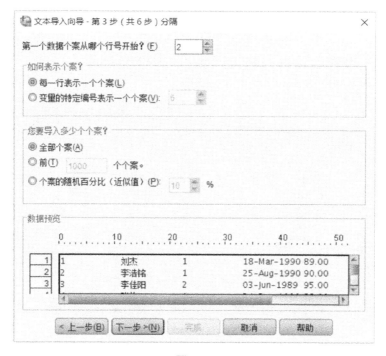

图 1-24

■ 在图 1-24 中有三组选项需要选择。

"第一个数据个案从哪个行号开始?":询问第一个观测开始于数据文件的第几行。在本例中是默认的第 2 行。

"如何表示个案?":进一步询问每个观测的排列方式。如果是每行代表一个观测,则选择第一个选项;如果每行代表多个观测,则选择第二个选项,并且还需在后面的输入框中填入每个观测有几个变量。此处选择系统默认的第一个选项。

"您要导入多少个个案?":询问需要读入的观测数量。第一个选项表示读入全部观测;第二个选项表示读入前 n 个观测,n 为后面输入框填入的数字；第三个选项要求用户输入一个 0～100 的数值，表示随机读入用户规定的百分比的观测，此选项可以用于从总体中随机抽取一定比例的样本。此处选择系统默认的第一个选项。单击"下一步"按钮，打开如图 1-25 所示的对话框。

图 1-25

- 在图 1-25 中求指定分隔符。这里我们选择"制表符"与"空格"为分隔符，选择了合适的分隔符之后，对话框下方的"数据预览"框中可以看到数据已经被正确地分隔开来。单击"下一步"按钮，打开如图 1-26 所示的对话框。
- 在图 1-26 中，对变量名及变量类型进行定义。单击"数据预览"框中的变量名，则对话框上方的输入框和下拉列表被激活，这时可以在其中进行相应变量名和变量类型的修改。这里我们保留系统的默认值，单击"下一步"按钮，打开如图 1-27 所示的对话框。

图 1-26

图 1-27

■ 这是读入 ASCII 码数据文件的最后一步,需要进行两组选择。第一个问题询问"是否保存此文件的格式以备以后使用",如果选择"是",则可以单击"另存为"按钮,将数据格式保存在一个后缀名为". tpf"的文件中。第二个问题询问"是否将本次读入数据的过程转换为 SPSS 命令"。这里我们仍然保持系统默认选项,单击"完成"按钮,则数据成功地被导入 SPSS 中,如图 1-28 所示。

	xh	xm	xb	csrq	math	english	变量
1	1	刘杰	1	18-Mar-1990	89.00	80.00	
2	2	李浩铭	1	25-Aug-1990	90.00	88.00	
3	3	李佳阳	2	03-Jun-1989	95.00	90.00	
4	4	张伟	1	24-Sep-1990	88.00	95.00	
5	5	苏翔	1	30-Oct-1989	96.00	94.00	
6	6	倪子寒	2	20-Nov-1989	88.00	91.00	

图 1-28

第 2 章　教育研究数据的预处理

2.1　排序

排序可以确定所研究的数据的最大值与最小值，可以确定全距。为数据分组等操作做准备。

案例 2-1　以"考试成绩.sav"为例，演示排序操作。

■ 打开"考试成绩.sav"，选择菜单：数据→排序个案。如图 2-1 所示。

图 2-1

■ 打开"排序个案"对话框，从左边的变量列表框中选择要排序的变量到"排序依据"列表框中，这里选择"英语［english］"，在"排序顺序"中选择"升序"单选按钮。如图 2-2 所示。

图 2-2

- 单击"确定"按钮即可完成排序。排序的结果在"数据视图"中可见。系统默认的排序方式为升序,读者也可以将排序方式更改为降序。

2.2 变量计算

用于在原有变量的基础上,计算产生一些新的含有更丰富信息的新数据。

案例 2-2 以"考试成绩.sav"为例,通过计算总分,演示如何进行变量计算。

- 打开"考试成绩.sav",选择菜单:转换→计算变量,打开如图 2-3 所示的对话框。

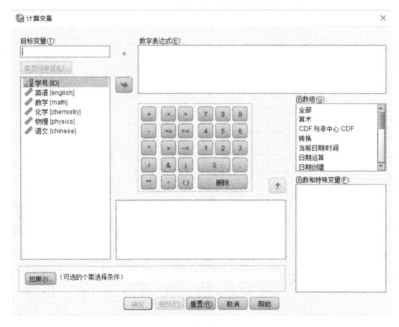

图 2-3

■ 计算总分的变量计算操作如图 2-4 所示。注意其中箭头所指的部分与图 2-3 的区别。

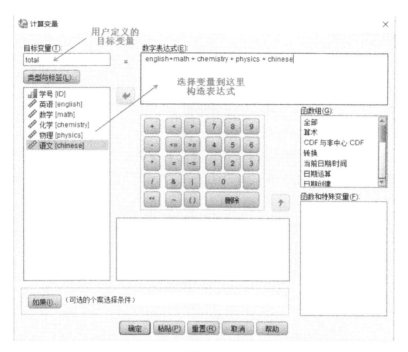

图 2-4

■ 单击"确定"按钮,回到"数据视图",在"数据视图"中产生了一个新的变量"total",其值为各同学的总分,如图 2-5 所示(部分)。

	ID	english	math	chemistry	physics	chinese	total
1	1501	83	54	63	74	71	345.00
2	1502	91	77	68	71	92	399.00
3	1503	88	94	81	82	87	432.00
4	1504	84	92	76	83	88	423.00
5	1505	78	89	71	75	79	392.00
6	1506	87	99	90	79	88	443.00
7	1507	76	82	70	80	89	397.00
8	1508	85	95	83	84	95	442.00
9	1509	86	90	76	83	83	418.00
10	1510	80	80	65	75	79	379.00
11	1511	83	97	69	83	87	419.00

图 2-5

2.3 分类汇总

分类汇总是按照某分类变量进行汇总计算,这种数据处理在实际数据分析中是极为常见的。

例如,若想要计算一个班的男生及女生的平均分,或是要计算不同班级的平均分,则可以进行分类汇总。

SPSS 实现分类汇总涉及两个主要方面:

(1)按照哪个变量进行分类;

(2)对哪个变量进行汇总,并指定对汇总变量计算哪些统计量。

案例 2-3 以"考试成绩1.sav"为例,以"sex"作为分类变量,以"math"作为汇总变量,汇总方式为计算平均值。

■ 打开"考试成绩1.sav",选择菜单:数据→分类汇总,打开"汇总数据"对话框,如图2-6所示。

图 2-6

- 在图 2-6 中按图 2-7 所示进行操作,在"保存"框里选择"将汇总变量添加到活动数据集",得到图 2-8。

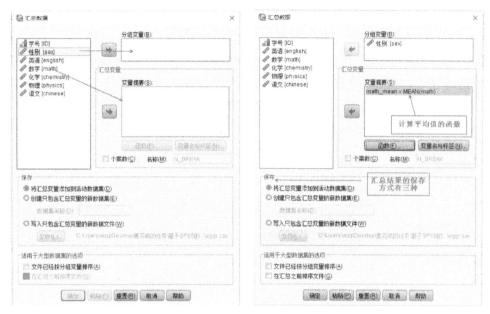

图 2-7　　　　　　　　　　　　　　　图 2-8

- 单击"确定"按钮,完成操作。得到分类汇总的结果如图 2-9 所示。

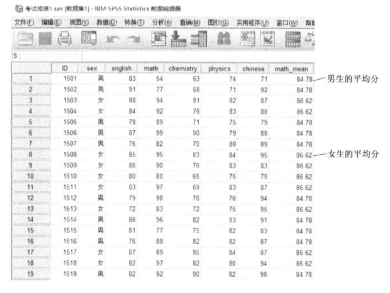

图 2-9

通过图 2-9 不难发现,如果采用图 2-8 的保存方式,则会在原数据中产生一个新的变量"math_mean",该变量保存的是汇总的结果,容易发现所有的男生所对应的"math_mean"值均相同,所有的女生所对应的"math_mean"值均相同,即分别计算了男生与女生的数学成绩的平均值。

注意:(1)如果在图 2-8 的"保存"框中选择了"创建只包含汇总变量的新数据集",如图 2-10 所示,则会新建一个新数据文件,该文件中保存了汇总的结果。在"汇总数据"对话框中单击"确定"按钮得到的汇总结果如图 2-11 所示。可以将此文件保存为 SPSS 文件。

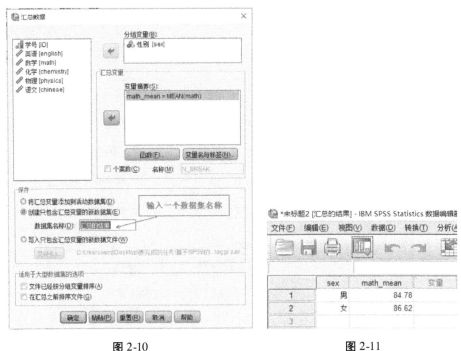

图 2-10   图 2-11

(2)如果在图 2-8 的"保存"框中选择了"写入只包含汇总变量的新数据文件",如图 2-12 所示,则 SPSS 自动将汇总结果保存在一个新文件中。本例文件名为"aggr.sav",是系统默认汇总文件的文件名。

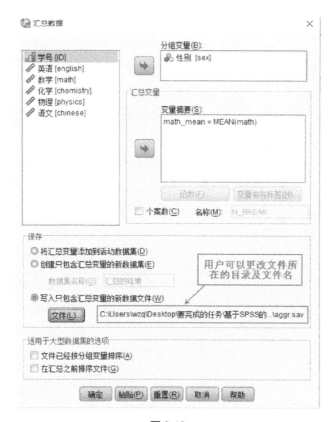

图 2-12

（3）如果要改变汇总方式，只需在图 2-8 中单击"函数"按钮，则可以打开"汇总数据：汇总函数"对话框，如图 2-13 所示。用户可以在这里改变汇总方式。

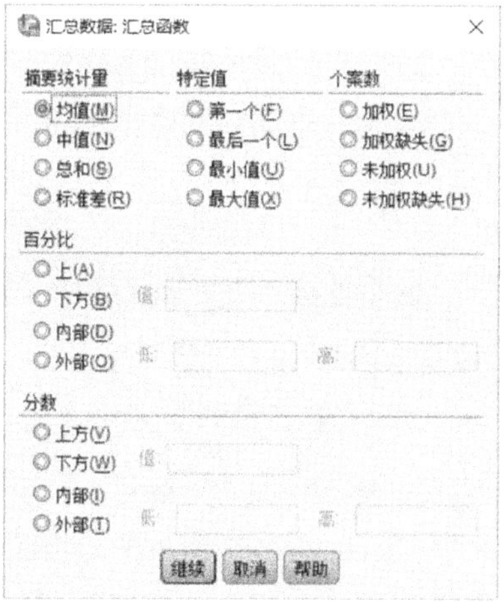

2.4 数据分组

数据分组就是根据统计分析的需要，将数据按照某种标准重新划分为不同的组别。数据分组是对定距型数据进行整理和粗略确定数据分布的重要工具，因而在实际数据分析中经常使用。在数据分组的基础上进行频数分析，更能够概括和体现数据的分布特征。另外，分组还能实

图 2-13

现数据的离散化处理等。

例如,"教职工数据.sav"中的职工基本情况数据,其中的基本工资数据为定距数据,表现为具体的工资金额。如此"细致"的数据有时并不利于展现数据的总体分布特征。因此,可以将工资收入进行"粗化",即分组,将其按照一定的标准重新分成高收入、中收入、低收入三个组,之后再进行频数分析,绘制直方图等。

在变量值较多的情况下,数据分组通常采用组距分组。组距分组是将全部变量值依次划分为若干个区间,并将同一区间的变量值作为一组。组距分组中有两个关键问题:

(1) 分组数目的确定。

数据应分成多少组比较合适常与数据本身的特点和数据个数有关。由于分组的目的之一是观察数据分布的特征,因此组数的确定应以能够清楚地显示数据分布特征和规律为原则。组数太少会使数据的分布过于集中,而组数太多又会使数据的分布过于分散,这样都不便于观察数据分布的特征和规律。在实际分组时,可以按照 Sturges 提出的经验公式来确定组数 K:

$$K = 1 + \frac{\lg n}{\lg 2}$$

上式中 n 为数据个数,对结果进行四舍五入取整后为理论分组数目。

(2) 组距的确定。

组距是一个组的上限(组中的最大值)与下限(组中的最小值)之差。组距可根据全部数据的最大值和最小值及组数来确定,即

$$组距 = \frac{最大值 - 最小值}{组数}$$

案例 2-4 以"考试成绩 1.sav"为例演示数据分组的操作。目的是将数学成绩分为高、中、低三组。

首先,利用数据的排序功能对"考试成绩 1.sav"进行排序,得到其最大值为 99、最小值为 54,从而全距为 $99 - 54 = 45$。根据理论应将数据大致分为 $K = 6$ 组,但基于实际问题研究的需要,将数据分为 3 组,组距为 $45 \div 3 = 15$。于是,54—69 作为一组,70—85 作为一组,86—99 作为一组。

SPSS 组距分组的基本操作步骤如下:

■ 选择菜单：转换→重新编码为不同变量，如图 2-14 所示。

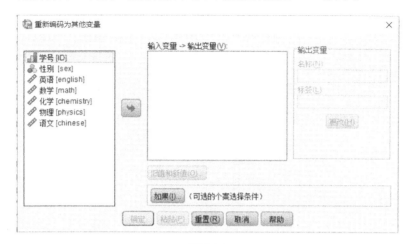

图 2-14

■ 选择分组变量到"数字变量→输出变量"框中，这里选择"数学[math]"，如图 2-15 所示。

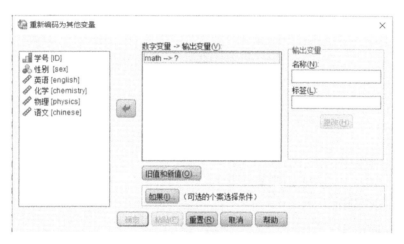

图 2-15

■ 在"输出变量"下的"名称"文本框中输入存放分组结果的变量名，并单击"更改"按钮确认，这里的变量名为"fz"。也可以在"标签"文本框中输入相应的变量名标签"分组"，单击"更改"按钮。如图 2-16 所示。

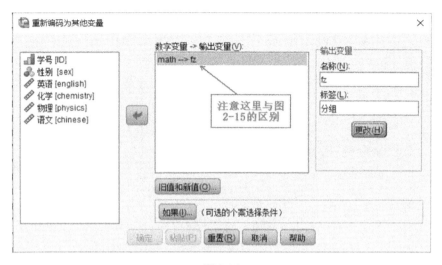

图 2-16

■ 单击"旧值和新值"按钮进行分组区间定义,这里,应根据分析要求定义第一组。第一组的定义如图 2-17 所示。单击"确定"按钮后完成第一组的定义。完成后的结果如图 2-18 所示。

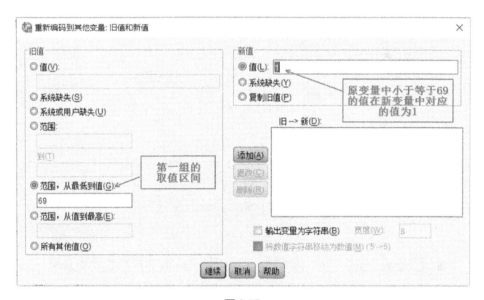

图 2-17

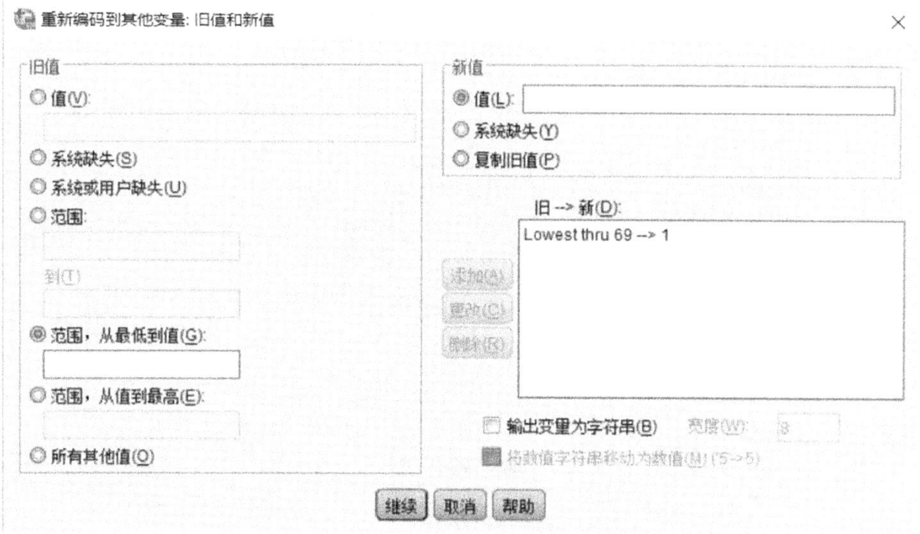

图 2-18

- 类似地，可以定义第二组，此时图 2-17 应该变成图 2-19 所示的情形。

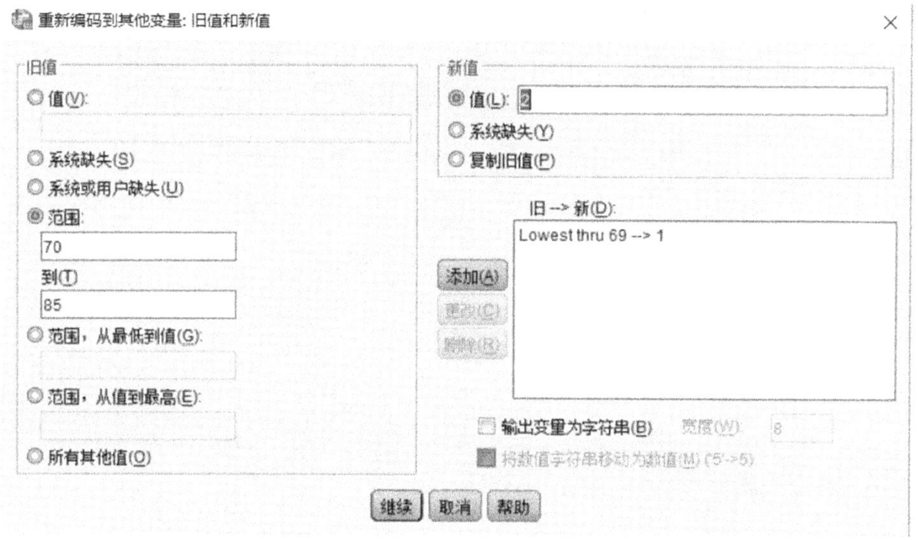

图 2-19

- 全部组定义完成以后的对话框如图2-20所示。

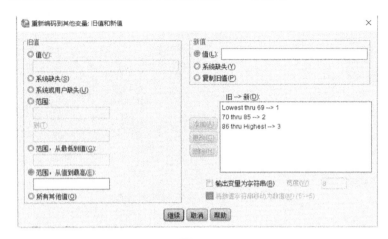

图 2-20

- 单击"继续"按钮,回到上一级对话框,单击"确定"按钮,完成分组的定义。
- 分组的结果在"数据视图"中可见,如图2-21所示(部分)。

	ID	sex	english	math	chemistry	physics	chinese	fz
1	1501	男	83	54	63	74	71	1.00
2	1523	男	74	63	50	76	76	1.00
3	1527	女	61	63	71	70	71	1.00
4	1533	女	82	67	79	84	86	1.00
5	1537	女	76	72	66	74	86	2.00
6	1502	男	91	77	68	71	92	2.00
7	1515	男	81	77	75	82	83	2.00
8	1525	女	85	77	73	86	83	2.00
9	1522	男	90	78	71	84	87	2.00
10	1510	女	80	80	65	75	79	2.00
11	1536	女	80	80	51	79	84	2.00
12	1507	男	76	82	70	80	89	2.00
13	1538	女	83	82	71	83	91	2.00
14	1539	男	83	82	71	83	91	2.00
15	1513	女	72	83	72	75	95	2.00
16	1531	男	62	85	64	76	89	2.00
17	1524	男	80	87	71	90	92	3.00
18	1516	男	76	88	82	82	87	3.00
19	1505	男	78	89	71	75	79	3.00
20	1517	女	87	89	85	84	87	3.00
21	1520	女	87	89	75	82	92	3.00
22	1521	女	83	89	81	76	81	3.00
23	1509	女	86	90	76	83	83	3.00

图 2-21

注意：如果仅对符合条件的个案分组，则按"如果"按钮并输入 SPSS 条件表达式。

2.5 数据拆分

SPSS 的数据拆分与数据排序很相似，但也有一个重要的不同点，即数据拆分不仅是按指定变量对数据进行简单排序，更重要的是根据指定变量对数据进行分组，它将为以后所进行的分组统计分析提供便利。拆分后的数据虽然在同一个数据文件中，但是在分析处理的时候相当于对两个或多个数据文件作相同的分析处理，其分析的结果也分别呈现。

案例 2-5 以"考试成绩 1.sav"为例演示数据拆分的操作。目的是按性别将数据拆分。

SPSS 数据拆分的基本操作步骤如下：

■ 选择菜单：数据→拆分文件，打开如图 2-22 所示的对话框。

图 2-22

用户可以分组的方式有三种，即"分析所有个案，不创建组"、"比较组"与"按组组织输出"。其中，"分析所有个案，不创建组"是系统默认的分组方式。"比较组"与"按组组织输出"的区别在于：在进行统计分析时，"比较组"表示将分组统计结果输出在同一张表格中，它便于不同组之间的比较；"按组组织输出"表示将分组统计结果分别输出在不同的表格中。通常选择"比较组"输出方式。

■ 选择拆分变量"性别[sex]"到"分组方式"列表框中。

■ 如果数据编辑窗口中的数据已经事先按所指定的拆分变量进行了排序,则可以选择"文件已排序"项,它可以提高拆分执行的速度,否则,选择"按分组变量排序文件"。

本例操作完成后的对话框如图 2-23 所示。

图 2-23

注意:

(1) 数据拆分将对后面的分析一直起作用,即无论进行哪种统计分析,都将是按拆分变量的不同组分别进行分析计算。如果希望对所有数据进行整体分析,则需要重新执行数据拆分,并在所示的窗口中选择"分析所有个案,不创建组"。

(2) 对数据可以进行多重拆分,类似于数据的多重排序。

(3) 数据拆分完成以后,从"数据视图"中看不到明显的变化,判断数据是否已经进行了拆分操作,可以看 SPSS 窗口状态栏,在窗口的右下角可见如图 2-24 所示的字样。文件已经按变量"sex"进行了拆分。

图 2-24

2.6 计数

计数在教育统计中是非常普遍的应用之一,它虽然简单,却对把握个案各方面的特征很有效。

例如,对学生的学习成绩进行综合评价时,可以依次计算每个学生的若干门课程中有几门课程为优秀,有几门课程为良好,有几门课程为中等。计算门次的过程就是一个计算过程。

案例 2-6 以"考试成绩 1. sav"为例,统计每位同学"英语""语文""数学"三门课程中优秀(大于等于 85 分)的门次。

SPSS 中进行计数的基本步骤如下:

- 选择菜单:转换→对个案内的值计数,打开如图 2-25 所示的对话框。

图 2-25

- 在"目标变量"文本框中输入一个用户自定义的变量,如"per"。在"目标标签"文本框中输入变量标签"优秀课程的门数"。从变量列表框中选择"英语""数学""语文"三个变量到"变量"列表框。如图 2-26 所示。

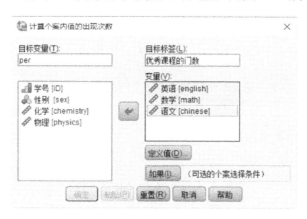

图 2-26

■ 单击"定义值"按钮,在"值"框中,单击"范围,从值到最高"单选按钮,并输入"85",如图 2-27 所示。

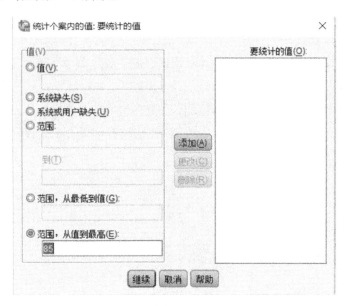

图 2-27

■ 单击"添加"按钮,结果如图 2-28 所示。

图 2-28

■ 单击"继续"按钮,回到上一级对话框,单击"确定"按钮。计数操作完成后的"数据视图"中会产生一个新的变量"per",其内容为优秀的课程的门数。如图2-29所示(部分)。

	ID	sex	english	math	chemistry	physics	chinese	per
1	1501	男	83	54	63	74	71	.00
2	1502	男	91	77	68	71	92	2.00
3	1503	女	88	94	81	82	87	3.00
4	1504	女	84	92	76	83	88	2.00
5	1505	男	78	89	71	75	79	1.00
6	1506	男	87	99	90	79	88	3.00
7	1507	男	76	82	70	80	89	1.00
8	1508	女	85	95	83	84	95	3.00
9	1509	女	86	90	76	83	83	2.00
10	1510	女	80	80	65	75	79	.00
11	1511	女	83	97	69	83	87	2.00
12	1512	男	79	98	76	76	94	2.00
13	1513	女	72	83	72	75	95	1.00
14	1514	男	88	96	82	93	91	3.00
15	1515	男	81	77	75	82	83	.00

图2-29

注：如果要对满足条件的个案进行计数,则可在图2-26中单击"如果"按钮,进行个案选择,个案选择的方法见2.7"个案选择"。

2.7 个案选择

个案选择就是根据分析的需要,从已经收集到的大批数据(总体)中按照一定的规则抽取部分个案(样本)参与分析。

案例2-7 以"考试成绩1.sav"为例,选择性别为"女"的所有个案。

■ 打开"考试成绩1.sav",选择菜单：数据→选择个案,打开如图2-30所示的对话框。

图 2-30

■ 单击"选择"框中的单选项"如果条件满足",此时其下方的"如果"按钮被激活。单击"如果"按钮,打开一个新的对话框。依次如图 2-31、图 2-32 所示。

图 2-31

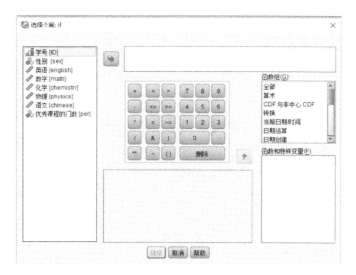

图 2-32

■ 在图 2-32 中,从左侧的变量列表中选择"性别[sex]"到右上角的列表框中,且编辑表达式"sex = 2"。如图 2-33 所示。

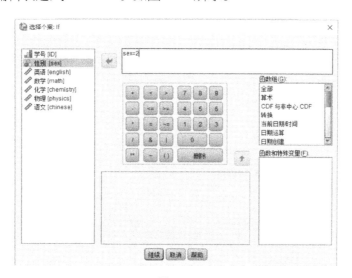

图 2-33

■ 单击"继续"按钮,返回上一级对话框。再单击"确定"按钮,完成个案选择。"数据视图"中的内容如图 2-34 所示。系统产生了一个新的变量"filter_$",用于标记个案是否被选择,同时没有被选择的个案在序号上被加了删除线。

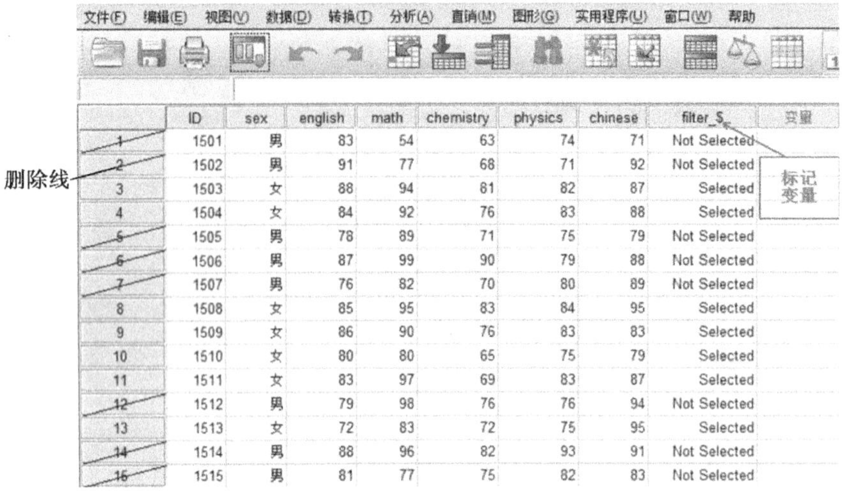

图 2-34 中显示数据表格，删除线标出的行为未选中的个案。

图 2-34

选择个案的方法有以下五种：

（1）系统默认的是全部个案，即所有个案都参与分析。

（2）按指定条件选取，即选择符合条件的个案。案例 2-7 采用的就是这种选择个案的方法。

（3）随机选取。对应于"选择"框中的"随机个案样本"单选项。如图 2-35 所示。

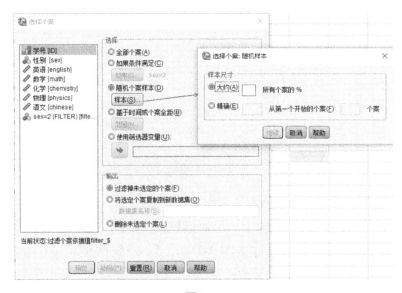

图 2-35

随机选取包括以下两种方式：

① 近似选取，即在图 2-35 的"样本"框中选择"大约"，在其后的输入框中输入一个介于 0~100 之间的一个数 a，则从当前个案中随机选取 $a\%$ 个个案。

② 精确选取，即在图 2-35 的"样本"框中选择"精确"。在其后的第一个输入框中输入希望选取的个案数，第二个输入框中输入的数值为从前多少个个案中选取的个案数。

（4）选取某一个区域内的样本。对应于"选择"框中的"基于时间或个案全距"单选项，即选取"数据视图"中的样本号范围内的所有个案。要求给出这个范围的上下限个案编号。这种选取方法通常适用于时间序列数据。

（5）通过筛选器选取变量。要求指定一个变量作为筛选器变量，变量值为非 0 或非系统缺失值的个案将被选中。这种方法通常用于排除包含系统缺失值的个案。

第3章 教育研究数据的基本统计分析方法

3.1 计算教育研究数据的基本描述统计量

常见的基本描述统计量有三大类：刻画集中趋势的描述统计量；刻画离散程度的描述统计量；刻画分布形态的描述统计量。

3.1.1 刻画集中趋势的描述统计量

集中趋势是指一组数据向某一中心值靠拢的倾向。

（1）均值（Mean）：算术平均数，是反映某变量所有取值的集中趋势或平均水平的指标，是一种最常用的刻画集中趋势的描述统计量。如某企业职工的平均月收入。其计算公式为

$$\bar{x} = \frac{1}{n}\sum_{i=1}^{n} x_i$$

（2）中位数（Median）：一组数据按升序排序后，处于中间位置上的数据值。如评价社会的老龄化程度时可用中位数。

（3）众数（Mode）：一组数据中出现次数最多的数据值。如生产鞋的厂商在制订各种型号鞋的生产计划时应该运用众数。

（4）均值标准误差（Standard Error of Mean）：描述样本均值与总体均值之间的平均差异程度的统计量。其计算公式为

$$S.E.Mean = \sqrt{\frac{\sum(x_i - \bar{x})}{n}} = \frac{\sigma}{n}$$

3.1.2 刻画离散程度的描述统计量

离散程度是指一组数据远离其"中心值"的程度。

如果数据都紧密地集中在"中心值"的周围，数据的离散程度较小，说明这个"中心值"对数据的代表性好；相反，如果数据仅是比较松散地分布在"中心值"的周围，数据的离散程度较大，则用此"中心值"说明数据特征是不具有代表性的。

常见的刻画离散程度的描述统计量如下：

（1）全距（Range）：也称极差，是数据的最大值（Maximum）与最小值（Minimum）之间的绝对离差。

（2）方差（Variance）：表示变量取值离散程度的统计量，是各变量值与其算术平均数离差平方的算术平均数。其计算公式为

$$s^2 = \frac{1}{n-1}\sum(x_i - \bar{x})^2$$

（3）标准差（Standard Deviation；Std Dev）：表示变量取值距离均值的平均离散程度的统计量。其计算公式为

$$s = \sqrt{\frac{1}{n-1}\sum(x_i - \bar{x})^2}$$

标准差值越大，说明变量值之间的差异越大，距均值这个"中心值"的离散趋势越大。

3.1.3 刻画分布形态的描述统计量

数据的分布形态主要指数据分布是否对称、偏斜程度如何、分布陡峭程度等。

刻画分布形态的统计量主要有以下两种：

（1）偏度系数（Skewness）：描述变量取值分布形态对称性的统计量。其计算公式为

$$Skewness = \frac{\frac{1}{n-1}\sum(x_i - \bar{x})^3}{s^3}$$

当分布为对称分布时，正负总偏差相等，偏度值等于 0；当分布为不对称分布时，正负总偏差不相等，偏度值大于 0 或小于 0。偏度值大于 0 表示正偏差值大，称为正偏或右偏；偏度值小于 0 表示负偏差值大，称为负偏或左偏。偏度绝对值越大，表示数据分布形态的偏斜程度越大。

（2）峰度系数（Kurtosis）：描述变量取值分布形态陡峭程度的统计量。其计算公式为

$$Kurtosis = \frac{\frac{1}{n-1}\sum(x_i - \bar{x})^4}{s^4} - 3$$

当数据分布与标准正态分布的陡峭程度相同时，峰度值等于 0；峰度值大于 0 表示数据的分布比标准正态分布更陡峭，为尖峰分布；峰度值小于 0 表

示数据的分布比标准正态分布平缓,为平峰分布。另外,SPSS 还能计算出峰度标准误差(*S. E. of Kurtosis*)。

案例 3-1　以"考试成绩 1. sav"为例,介绍计算基本描述统计量的操作。对数学成绩计算基本描述统计量。

SPSS 计算基本描述统计量的基本操作步骤如下:

■ 选择菜单:分析→描述统计→描述,打开如图 3-1 所示的对话框。

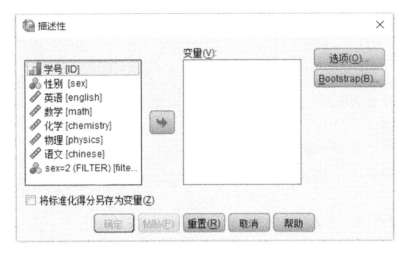

图 3-1

■ 将需计算的数值型变量选择到"变量"列表框中,本例中选择变量"数学[math]",如图 3-2 所示。

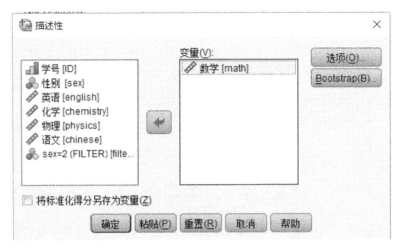

图 3-2

■ 单击"选项"按钮指定计算哪些基本描述统计量,如图 3-3 所示。本例计算了数学成绩的平均值(均值)、标准差、最高分(最大值)、最低分(最小值)、峰度系数(峰度)与偏度系数(偏度)。

■ 单击"继续"按钮,返回上一级对话框。再单击"确定"按钮,完成操作。在"输出"窗口中可见计算的结果,如表 3-1 所示。

图 3-3

表 3-1 描述统计量

	N	最小值	最大值	均值	标准差	偏度		峰度	
	统计量	统计量	统计量	统计量	统计量	统计量	标准误	统计量	标准误
数学	39	54	99	85.77	10.994	-1.066	0.378	0.823	0.741
有效的 N (列表状态)	39								

结果分析:

由表 3-1 可知,最低分为 54 分,最高分为 99 分,平均分为 85.77,标准差为 10.994,偏度系数为 -1.066,峰度系数为 0.823。说明分数的分布是尖峰左偏的。由于分布是左偏的,因此均值作为集中趋势的代表存在低估。数学成绩的整体离散趋势比较强。

注:如果要分别计算男生、女生的数学成绩的相关统计量,只要事先按性别进行文件分割即可,此处不再赘述。

案例 3-2 利用数据"考试成绩 1. sav",分析数学成绩是否存在异常值。

这里假设数学成绩总体呈正态分布,根据统计学里的 3σ 原则,异常值通常为 3 个标准差之外的值。

数据标准化的数学定义为

$$Z = \frac{x_i - \bar{x}}{\sigma} (i = 1, 2, \cdots, n)$$

其中 n 为样本容量。通过标准化后得到一系列新值,通常称之为标准化值或 Z 分数。

本案例的操作步骤如下:

- 选择菜单:分析→描述统计→描述,打开如图 3-4 所示的对话框。

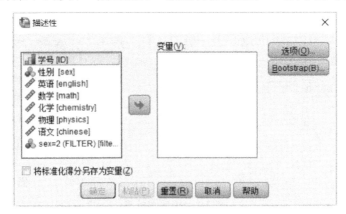

图 3-4

- 从图 3-4 的左侧的变量列表中选择"数学[math]"到"变量"列表框中,同时勾选左下角的"将标准化得分另存为变量",如图 3-5 所示。

图 3-5

- 单击"确定"按钮,完成操作,此时在"数据视图"中产生一个新的变量"Zmath",其值为标准化值。如图 3-6 所示(部分)。通过对"Zmath"排序后没有发现异常值。

	ID	sex	english	math	chemistry	physics	chinese	Zmath
7	1507	男	76	82	70	80	89	-.34285
8	1508	女	85	95	83	84	95	.83962
9	1509	女	86	90	76	83	83	.38483
10	1510	女	80	80	65	75	79	-.52477
11	1511	女	83	97	69	83	87	1.02154
12	1512	男	79	98	76	76	94	1.11250
13	1513	女	72	83	72	75	95	-.25189
14	1514	男	88	96	82	93	91	.93058
15	1515	男	81	77	75	82	83	-.79764
16	1516	男	76	88	82	82	87	.20291

图 3-6

3.2 单变量的频数分析

基本统计分析往往从频数分析开始。通过频数分析能够了解变量取值的状况，对把握数据的分布特征是非常有用的。例如，在单项选择题中，常常要统计每一题的得分率，这就要用到单变量的频数分析。

频数分析的第一个基本任务是编制频数分布表。SPSS 中的频数分布表包括的内容有：

（1）频数(frequency)：变量值落在某个区间(或某个类别)中的次数。

（2）百分比(percent)：各频数占总样本数的百分比。

（3）有效百分比(valid percent)：各频数占有效样本数的百分比。其中，有效样本数＝总样本数－缺失样本数。有效百分比计算的是：在不包含缺失值个案的所有个案中各变量取值频数的比例。

（4）累计百分比(cumulative percent)：各百分比逐级累加起来的结果。最终取值为百分之百。

频数分析的第二个基本任务是绘制统计图。统计图是一种最为直接的数据刻画方式，能够非常清晰地展示变量的取值状况。频数分析中常用的统计图包括：

（1）柱形图或条形图(bar chart)。

用宽度相同的条形的高度或长短来表示频数分布变化的图形，适用于对定序和定类变量的分析。柱形图的纵坐标或条形图的横坐标可以表示频数，也可以表示百分比。它们又分为单式图、复式图等形式。

（2）饼图（pie chart）。

用圆的面积代表研究对象的总体,按各组成部分的相对比例把圆划分为若干个扇形,用以表示各部分相对于总体的比例关系,有利于研究事物内在结构组成等问题。

（3）直方图（histograms）。

用矩形的面积来表示频数分布变化的图形,适用于定距型变量的分析。可以在直方图上附加正态分布曲线,便于与正态分布进行比较。

案例3-3　以"自我效能感调查表. sav"为例,介绍频数分析的基本操作。分析被调查的学生父亲的文化程度分布状况,并画出条形图。

SPSS中频数分析的基本操作步骤如下：

■ 选择菜单：分析→描述统计→频率,打开如图3-7所示的对话框。

■ 从左侧的变量列表中选择参与频数分析的变量到"变量"列表框中。这里选择"父亲文化程度",如图3-8所示。

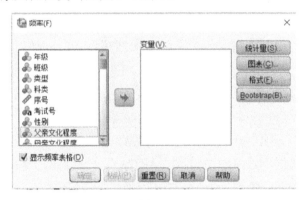

图3-7

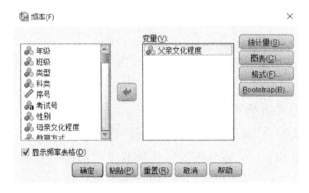

图3-8

- 单击"图表"按钮,选择并绘制统计图。在"图表类型"框中选择图表类型。这里选择"条形图",且"图表值"选择"百分比"。如图 3-9 所示。
- 单击"继续"按钮,回到上一个对话框,单击"确定"按钮。在输出窗口中得到如图 3-10 所示的频数分布表,以及如图 3-11 所示的条形图。

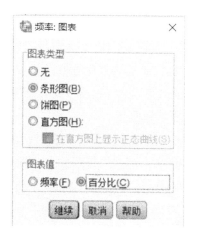

图 3-9

父亲文化程度

		频数	百分比/%	有效百分比/%	累积百分比/%
有效	初中及以下	261	64.1	64.1	64.1
	高中(中专)	121	29.7	29.7	93.9
	大专	15	3.7	3.7	97.5
	本科及以上	10	2.5	2.5	100.0
	合计	407	100.0	100.0	

图 3-10

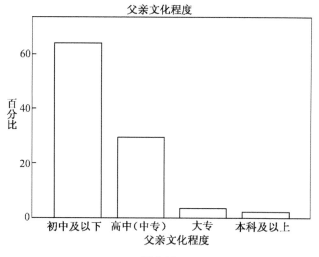

图 3-11

结果分析:

从图 3-10 所示的频数分布表的"有效百分比"一列可以看出,被调查的学生的父亲的文化程度为初中及以下、高中(中专)、大专、本科及以上的分别占 64.1%、29.7%、3.7%、2.5%。从图 3-11 所示的条形图上观察数据的分布情况更直观。

还可以利用 SPSS 提供的图形编辑功能对所生成的统计图形进行必要的编辑。图形编辑时应在 SPSS 输出窗口中双击待编辑的图形,会打开一个图表编辑窗口。该窗口提供了极为丰富的图形编辑和修饰功能。例如,若想要给条形图加上数据标签,则可进行如下操作。

选择菜单:元素→显示数据标签,则打开如图 3-12 所示的"属性"对话框。在"属性"对话框中设置数据值标签的格式,同时还可以设置条形图的其他属性。设置完成后的条形图如图 3-13 所示。

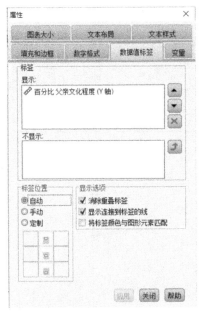

图 3-12

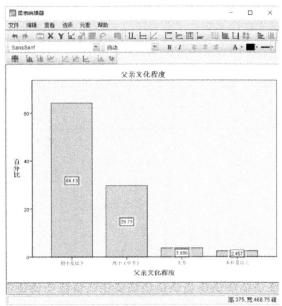

图 3-13

SPSS 频数分析的扩展功能:编制频数分布表和绘制统计图是频数分析的基本任务,除此之外,单击"统计量"按钮,还可以计算其他重要的统计量。主要是:

(1) 计算分位数(percentile values)。

分位数是变量在不同分位点上的取值。分位点在 0~100 之间。一般使用得较多的是四分位点(quartiles),即将所有数据按升序排序后平均等分成四份,各分位点依次是 25%、50%、75%。于是四分位数便分别是 25%、50%、75% 点所对应的变量值。此外,还有八分位数、十六分位数等。

SPSS 提供了计算任意分位数的功能,用户可以指定将数据等分为 n 份(cut points for n equal groups),还可以直接指定分位点(percentile)。

(2) 计算其他基本描述统计量。

SPSS 频数分析还能够计算其他基本描述统计量,包括描述集中趋势(central tendency)的基本统计量,描述离散程度(dispersion)的基本统计量,描述分布形态(distribution)的基本统计量等。

案例 3-4 以"自我效能感调查表.sav"为例,计算自我效能感得分的四分位数。

SPSS 中计算四分位数的操作步骤如下:

■ 选择菜单:分析→描述统计→频率,打开如图 3-7 所示的对话框。但是要取消勾选"显示频率表格",理由是由于"得分"是定距变量,其取值是任意实数,如果个案太多,做频数分析时,频率表会很长,无实际意义。

■ 单击"统计量"按钮,打开"频率:统计量"对话框,在该对话框中勾选"四分位数",如图 3-14 所示。

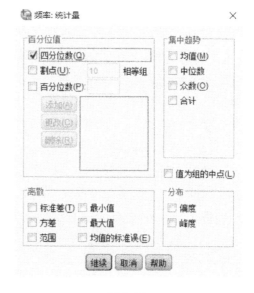

图 3-14

■ 单击"继续"按钮回到上一级对话框,再单击"确定"按钮,完成操作,输出窗口的结果如图 3-15 所示。

统计量

自我效能感得分		
N	有效	407
	缺失	0
百分位数	25	2.257 142 857
	50	2.485 714 285
	75	2.685 714 285

图 3-15

结果分析：

由图 3-15 知，得分在 2.257 以下的约占 25%，得分在 2.685 以上的约占 25%。

3.3 多变量交叉分组下的频数分析

通过对单个变量的频数分析能够掌握单个变量的数据的分布情况。实际分析中不仅要了解单变量的分布特征，还要分析多个变量不同取值下的分布，掌握多变量的联合分布特征，进而分析变量间的关系。

多变量交叉分组下的频数分析又称交叉列联表分析，其基本任务有两个：第一，根据收集到的样本数据，产生二维或多维交叉列联表；第二，在交叉列联表的基础上，对两两变量间是否存在一定的相关性进行分析。

（1）交叉列联表的主要内容。

编制交叉列联表是交叉分组下频数分析的第一个任务。交叉列联表是两个或两个以上的变量交叉分组后形成的频数分布表。例如，在职工基本情况数据中，按职称和文化程度编制的二维交叉列联表见表 3-2：

表 3-2 文化程度 * 职称交叉制表

			职称				合计
			特级教师	高级教师	一级教师	无技术职称	
文化程度	本科	计数	1	1	2	0	4
		文化程度中的百分比	25.0%	25.0%	50.0%	0	100.0%
		职称中的百分比	33.3%	14.3%	11.8%	0	59.4%
		总数的百分比	3.3%	3.3%	6.7%	0	13.3%

续表

			职称				合计
			特级教师	高级教师	一级教师	无技术职称	
文化程度	专科	计数	1	6	1	0	8
		文化程度中的百分比	12.5%	75.0%	12.5%	0	100.0%
		职称中的百分比	33.3%	85.7%	5.9%	0	26.7%
		总数的百分比	3.3%	20.0%	3.3%	0	26.6%
	高中	计数	1	0	5	3	9
		文化程度中的百分比	11.1%	0	55.6%	33.3%	100.0%
		职称中的百分比	33.3%	0	29.4%	100.0%	30.0%
		总数的百分比	3.3%	0	16.7%	10.0%	30.0%
	初中	计数	0	0	9	0	9
		文化程度中的百分比	0	0	100.0%	0	100.0%
		职称中的百分比	0	0	52.9%	0	30.0%
		总数的百分比	0	0	30.0%	0	30.0%
合计		计数	3	7	17	3	30
		文化程度中的百分比	10.0%	23.3%	56.7%	10.0%	100.0%
		职称中的百分比	100.0%	100.0%	100.0%	100.0%	100.0%
		总数的百分比	10.0%	23.3%	56.7%	10.0%	100.0%

上表中的"职称"变量称为行变量(row),"文化程度"变量称为列变量(column)。行标题和列标题分别是两个变量的变量值(或分组值)。表格中间是观测频数(observed counts)和各种百分比。30 名职工中,本科、专科、高中、初中的人数分别为 4、8、9、9,构成的分布称为交叉列联表的列边缘分布;特级教师、高级教师、一级教师、无技术职称的人数分别为 3、7、17、3,构成的分布称为交叉列联表的行边缘分布;4 个本科学历职工中各职称的人数分别是 1、1、2 等,这些频数构成的分布称为条件分布,即在行变量(列变量)取值条件下的列变量(行变量)的分布。

在交叉列联表中,除了频数外还引进了各种百分比。例如,表中第四列中的 33.3%、33.3%、33.3% 分别是特级教师 3 人中各学历人数所占的比例,称为列百分比,一列的百分比总和为 100%;表中第五行的 25.0%、25.0%、50.0% 分别是本科学历 4 人中各职称人数所占的比例,称为行百分比,一行的列百分比总和为 100%;表中的 3.3%、3.3%、6.7% 等分别是总人数 30 人中各交叉组中人数所占的百分比,称为总百分比,所有表格中的总百分比之和也为100%。

(2)对交叉列联表中的行变量和列变量之间的关系进行分析是列联表分析的第二个任务。

为了理解行、列变量之间的关系,可以从分析两个极端的例子出发,见表3-3、表3-4:

表3-3 年龄与工资收入的交叉列联表(一)

		工资收入/元		
		低	中	高
年龄段	青	400	0	0
	中	0	400	0
	老	0	0	400

表3-4 年龄与工资收入交叉列联表(二)

		工资收入/元		
		低	中	高
年龄段	青	0	0	400
	中	0	400	0
	老	400	0	0

表3-3中显示年龄与工资收入呈正相关关系,表3-4中显示年龄与工资收入呈负相关关系。但大多数情况下,观测频数分散在列联表的各个单元格中,不容易直接发现行列变量之间的关系强弱程度,此时就要借助非参数检验方法。通常用的方法是卡方检验。

卡方检验属假设检验的范畴,步骤如下:

■ 建立原假设。

在列联表分析中卡方检验的原假设为行变量与列变量独立。

■ 选择和计算检验统计量。

列联表分析卡方检验统计量是Pearson卡方统计量,其数学定义为

$$\chi^2 = \sum_{i=1}^{r} \sum_{j=1}^{c} \frac{(f_{ij}^0 - f_{ij}^e)^2}{f_{ij}^e}$$

其中,r为列联表的行数,c为列联表的列数;f_{ij}^0为观察频数,f_{ij}^e为期望频数(expected count)。期望频数的计算方法是:

$$f^e = \frac{RT}{n} \times \frac{CT}{n} \times n = \frac{RT \times CT}{n}$$

其中，RT是指定单元格所在行的观测频数合计，CT是指定单元格所在列的观测频数合计，n是观测频数的合计。

期望频数的分布与总体的分布一致时，反映的是行列变量互不相干下的分布。

卡方统计量观测值的大小取决于两个因素：第一，列联表的单元格子数；第二，观测频数与期望频数的总差值。在列联表确定的情况下，卡方统计量观测值的大小取决于观测频数与期望频数的总差值。当总差值越大时，卡方值也就越大，实际分布与期望分布的差距越大，表明行列变量之间越相关；反之表明行列变量之间越独立。

那么，在统计上卡方统计量的观测值究竟达到什么程度才能断定行列变量不独立呢？由于该检验中的 Pearson 卡方统计量近似服从卡方分布，因此可依据卡方理论找到某自由度和显著性水平下的卡方值，即卡方临界值。

■ 确定显著性水平（significant level）和临界值。

显著性水平是指原假设为真却将其拒绝的风险，即弃真的概率，通常设为 0.05 或 0.01。在卡方检验中，由于卡方统计量服从自由度为（行数 – 1）×（列数 – 1）的卡方分布，因此，在行列数目和显著性水平确定时，卡方临界值是可唯一确定的。

■ 结论和决策。

对统计推断做决策通常有两种方式：

（1）根据统计量观测值和临界值比较的结果进行决策。如果卡方观测值大于临界值，则认为实际分布与期望分布之间的差距显著，可以拒绝原假设，断定列联表的行列变量间不独立，存在相关关系；反之，接受原假设。

（2）根据统计量观测值的概率 p-值和显著性水平比较的结果进行决策。如果 p-值小于等于显著性水平，则认为卡方观测值出现的概率是很小的，拒绝原假设，断定列联表的行列变量间不独立，存在依存关系；反之，接受原假设。

案例 3-5 以"学习状况调查.sav"为例，对"学习数学的兴趣"与"数学成绩"进行交叉列联表分析，并研究二者之间的相关性。

SPSS 中交叉列联表分析的基本操作步骤如下：

■ 选择菜单：分析→描述统计→交叉表。选择变量"学习数学的兴趣

"[XQ]"作为行变量,选择"数学成绩[SXCJ]"作为列变量,如图3-16所示。

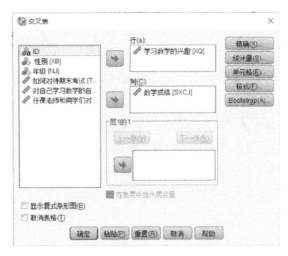

图 3-16

■ 如果进行二维列联表分析,则将行变量选择到"行(S)"列表框中,将列变量选择到"列(C)"列表框中。如果行(S)和列(C)框中有多个变量名,SPSS会将行列变量一一配对后产生多张二维列联表。如果进行三维或多维列联表分析,则将其他变量作为控制变量选到"层"列表框中。多控制变量间可以是同层次的,也可以是逐层叠加的,可通过"上一张"或"下一张"按钮确定控制变量间的层次关系。本例中进行二维列联表分析。

■ 选择"显示复式条形图(B)"选项,指定绘制各变量交叉分组下频数分布条形图。"取消表格"表示不输出列联表,在仅分析行列变量间关系时可选择该选项。在本例中都不勾选。

■ 单击"单元格"按钮指定列联表单元格中的输出内容。

SPSS 默认列联表单元格中只输出观测频数(observed)。为便于分析,通常还应指定输出"百分比"中的行百分比(row)、列百分比(column)、总百分比(total)。"计数"框中的"期望值"表示输出期望频数;"残差"框中的各个选项表示在各个单元格中输出剩余。其中,"未标准化"为非标准化剩余,定义为观测频数 – 期望频数;"标准化"为标准化剩余,又称 Pearson 剩余,定义为

$$Std.\ Residuals = \frac{f_0 - f_e}{\sqrt{f_e}}$$

本例中的各选项如图 3-17 所示。单击"继续"返回上一级对话框。

图 3-17

- 单击"统计量"按钮指定用哪种方法分析行变量和列变量间的关系，窗口如图 3-18 所示，其中，"卡方"为卡方检验。"相关性"为定距变量的关联指标，可作列联表行、列变量的"Pearson"相关系数或"Spearman"相关系数。

对列联表中行、列变量的分析，除上述卡方检验方法之外，SPSS 还提供了其他测度变量间相关关系的检验方法，包括：

（1）适用于两定类变量的关联指标："名义"框中列出的方法属于该类方法。

（2）适用于两定序变量的关联指标："有序"框中列出的方法属该类方法。"gamma"：$\gamma = \dfrac{P-Q}{P+Q}$，其中 P 为同序对子数，Q 为异序对子数，界于 0 到 1 之间，所有实际数集中于左上角和右下角时，其值为 1，表示两个变量之间有关联，取值为 0 表示相互独立。"somers'd"：$somers'D = \dfrac{P-Q}{P+Q+T_{vd}}$，其中 T_{vd} 为独立变量上不存在同分的偶对中，同序对子数超过民序对子数的比例。"kendall's tau-b"：kendall's τb。值介于 – 1 与 1 之间。"kendall's rau-c"：kendall's τc 值介于 – 1 与 1 之间。

（3）适用于一定类变量、一定距变量的方法：Nominal by interval 框中的

Eta 方法属于该类方法。

（4）其他方法。

本例中的选择项为"卡方"，如图3-18所示。单击"继续"按钮返回上一级对话框。

■ 单击"确定"按钮，完成操作，得到如表3-5所示的交叉频数分布表和如表3-6所示的卡方检验的结果。

图3-18

表3-5 学习数学的兴趣 * 数学成绩交叉制表

			数学成绩				合计
			A 优秀	B 良好	C 中等	D 差	
学习数学的兴趣	A 非常感兴趣	计数	54	73	30	6	163
		期望的计数	21.4	65.3	58.1	18.2	163.0
		学习数学的兴趣中的百分比	33.1%	44.8%	18.4%	3.7%	100.0%
		数学成绩中的百分比	29.8%	13.2%	6.1%	3.9%	11.8%
		总数的百分比	3.9%	5.3%	2.2%	0.4%	11.8%
	B 比较感兴趣	计数	84	294	212	35	625
		期望的计数	82.1	250.4	222.7	69.8	625.0
		学习数学的兴趣中的百分比	13.4%	47.0%	33.9%	5.6%	100.0%
		数学成绩中的百分比	46.4%	53.3%	43.2%	22.7%	45.4%
		总数的百分比	6.1%	21.3%	15.4%	2.5%	45.4%
	C 不大感兴趣	计数	36	156	204	68	464
		期望的计数	60.9	185.9	165.3	51.9	464.0
		学习数学的兴趣中的百分比	7.8%	33.6%	44.0%	14.7%	100.0%
		数学成绩中的百分比	19.9%	28.3%	41.5%	44.2%	33.7%
		总数的百分比	2.6%	11.3%	14.8%	4.9%	33.7%

续表

			数学成绩				合计
			A 优秀	B 良好	C 中等	D 差	
学习数学的兴趣	D 完全不感兴趣	计数	7	29	45	45	126
		期望的计数	16.6	50.5	44.9	14.1	126.0
		学习数学的兴趣中的百分比	5.6%	23.0%	35.7%	35.7%	100.0%
		数学成绩中的百分比	3.9%	5.3%	9.2%	29.2%	9.1%
		总数的百分比	0.5%	2.1%	3.3%	3.3%	9.1%
合计		计数	181	552	491	154	1378
		期望的计数	181.0	552.0	491.0	154.0	1378.0
		学习数学的兴趣中的百分比	13.1%	40.1%	35.6%	11.2%	100.0%
		数学成绩中的百分比	100.0%	100.0%	100.0%	100.0%	100.0%
		总数的百分比	13.1%	40.1%	35.6%	11.2%	100.0%

表 3-6 卡方检验

统计量名称	观测值	自由度 df	渐进 Sig.（双侧）
Pearson 卡方	209.453[a]	9	0.000
似然比	182.967	9	0.000
线性和线性组合	157.297	1	0.000
有效案例中的 N	1378		

注：a. 期望计数少于 5 的单元格数为 0。最小期望计数为 14.08。

结果分析：

在表 3-6 中，第一列为检验统计量名称，第二列是检验统计量的观测值，第三列是自由度，第四列是大于各检验统计量观测值的 p-值，其中，第一行是卡方检验的结果。根据上述卡方检验的基本步骤和决策方式可知，本检验的原假设是：数学成绩和学习数学的兴趣之间是不相关的。如果显著性水平 α 设为 0.05，由于 Pearson 卡方的概率 p-值（渐进 Sig.）为 0.000，小于 α，因此拒绝原假设，认为数学成绩和学习数学的兴趣之间是相关的。脚注 a 表明，该分析中期望计数小于 5 的单元格数为 0，最小的期望计数为 14.08，适合作卡方检验。

另外，在 Chi-Square Tests 表中还输出了似然比卡方(likelihood rtio)和线性相关卡方(linear-by linear association)。似然比卡方的数学定义是：

$$T = 2\sum_{ij} f_0 \ln\frac{f_0}{f_e}$$

当样本数较大时，似然比卡方与 Pearson 卡方非常接近，检验结论通常也是一致的。

线性相关卡方只适用于定序变量，不能用于定类变量。本例中，线性相关卡方的概率 p-值小于显著性水平，应拒绝原假设，认为行、列变量具有线性相关性。但由于数学成绩与学习数学的兴趣为定序变量，因而不宜采用该检验。

注：单元格中不应有期望频数小于1，也不应有大量的期望频数小于5的单元格。如果有20%以上的单元格的期望频数小于5，则一般不宜用卡方检验，这时可以使用 Fisher's 精确概率检验。看下面的案例。

案例 3-6 对"教职工数据.sav"中的"zc"与"xl"两个变量进行交叉列联表分析，并检验两变量的独立性，可得到如表 3-7 所示的检验结果。

表 3-7 卡方检验

统计量名称	观测值	自由度 df	渐进 Sig.（双侧）
Pearson 卡方	27.988[a]	9	0.001
似然比	30.365	9	0.000
线性和线性组合	6.741	1	0.009
有效案例中的 N	30		

注：a. 14 个单元格(87.5%)的期望计数少于5。最小期望计数 0.40。

在表 3-7 中，由于14个单元格(87.5%)的期望频数少于5，因而不宜用卡方检验。处理的方法是，在图 3-16 中单击"精确"按钮，弹出如图 3-19 所示的对话框，选中其中的"精确"单选项，再进行卡方检验，得到如表 3-8 所示的检验结果。在这个表格里，主要是考察"Fisher's 精确概率验"的 p-值。本例中 p-值为 0.000。如果取显著性水平为 0.05，则拒绝原假设，认为行列变量是相关的。

图 3-19

表 3-8 卡方检验

统计量名称	观测值	自由度 df	渐进 Sig.（双侧）	精确 Sig.（双侧）	精确 Sig.（单侧）	点概率
Pearson 卡方	27.988[a]	9	0.001	0.001		
似然比	30.365	9	0.000	0.000		
Fisher 的精确检验	22.591			0.000		
线性和线性组合	6.741[b]	1	0.009	0.008	0.005	0.003
有效案例中的 N	30					

注：a. 14 个单元格（87.5%）的期望计数少于 5。最小期望计数为 0.40。
　　b. 标准化统计量是 2.596。

3.4 多项选择题的频数分析

考虑试卷或问卷调查中的多项选择题的频数分析问题。这种问题如果用 SPSS 进行频数分析，则要重新编码，即将一个问题根据研究的目的分解为若干个小问题，然后再进行频数分析。关于多项选择题的重新编码方法在第 1 章的 1.3 节已经作了详细介绍，这里不再赘述。

案例 3-7 以"选择题的数据 4.sav"为例，介绍对多项选择题进行频数分析的方法。该数据是 30 名同学对某一个多项选择题的解答。

SPSS 中的操作步骤如下：

■ 打开菜单：分析→多重响应→定义变量集，打开如图 3-20 所示的对话框。

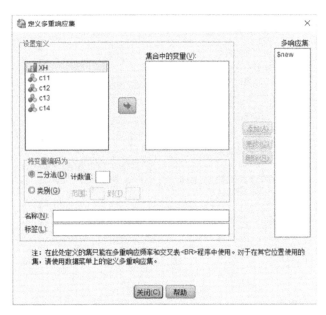

图 3-20

■ 从左侧的当前变量列表中选择变量到"集合中的变量"列表框中,在"将变量编码为"框中选择"二分法"单选按钮,且在"计数值"输入框中输入"1",在"名称"文本框中输入"new_set",如图 3-21 所示。

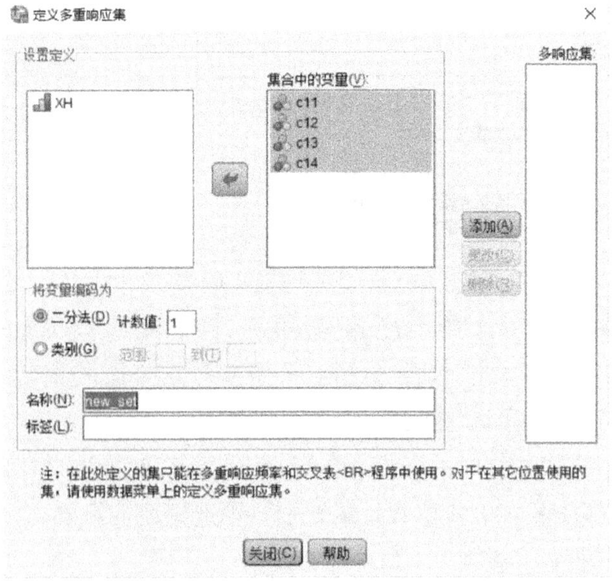

图 3-21

■ 单击"添加"按钮,定义一个变量集"new_set",如图 3-22 所示,然后单击"关闭"按钮。

图 3-22

■ 打开菜单:分析→多重响应→频率,打开如图 3-23 所示的对话框。

图 3-23

■ 将上面定义的 new_set 变量集选择到"表格"列表框中,在"缺失值"框中选择第一个复选项,如图 3-24 所示。

图 3-24

■ 单击"确定"按钮,得到的分析结果如表 3-9 所示。

表 3-9 $ new_set 频率

		响应		个案百分比
		N	百分比	
$ new_set[a]	c11	9	11.4%	30.0%
	c12	24	30.4%	80.0%
	c13	21	26.6%	70.0%
	c14	25	31.6%	83.3%
总 计		79	100.0%	263.3%

注:a. 值为 1 时制表的二分组。

结果分析:

在表 3-9 中,第四列是响应百分比,其分母是答卷中学生给出的答案的总数(如 11.4% = 9 ÷ 79 × 100%);本例中只有参考意义。第五列是个案百分比,其分母为有效个案总数(如 30.0% = 9 ÷ 30 × 100%)。本题的正确答案是 BCD,不难看出 30% 以上的学生答错本题。

案例 3-8 以"教师的满意度调查.sav"为例,演示对采用分类法编码的多项选择题进行频数分析的方法。

SPSS 中的操作步骤如下:

■ 选择菜单:分析→多重响应→定义变量集,打开如图 3-25 所示的对话框。

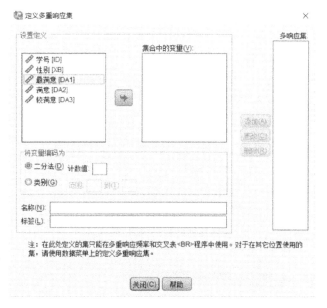

图 3-25

■ 从左上角的变量列表中选择变量到"集合中的变量"列表框中,在"将变量编码为"框中选择"类别"单选按钮,且在"范围"后输入框中输入"1"和"6",在"名称"文本框中输入"new_set",如图 3-26 所示。

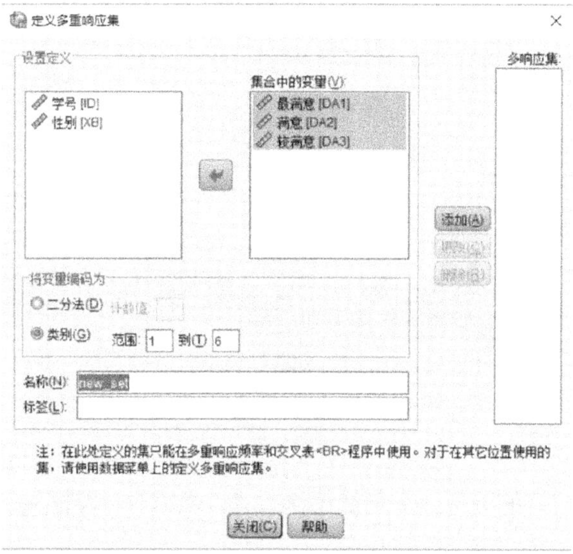

图 3-26

■ 单击"添加"按钮,定义一个变量集"new_set",如图 3-27 所示,然后关闭对话框。

图 3-27

■ 打开菜单:分析→多重响应→频率,打开如图 3-28 所示的对话框。

图 3-28

■ 将上面定义的 new_set 变量集选择到"表格"列表框中,在"缺失值"框中选择第二个复选项,如图 3-29 所示。

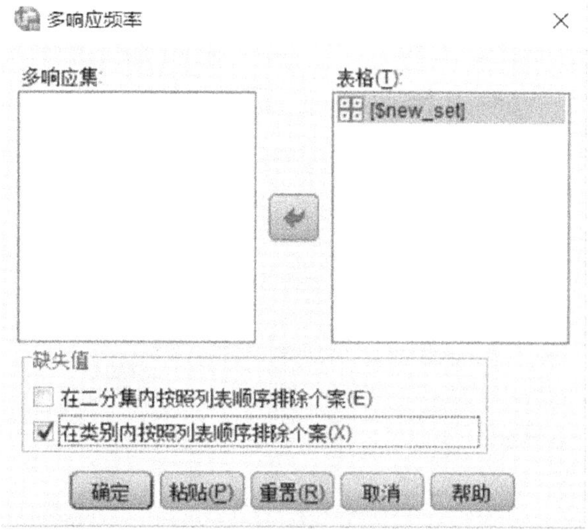

图 3-29

- 单击"确定"按钮,得到的分析结果如表 3-10 所示。

表 3-10 $ new_set 频率

		响应		个案百分比
		N	百分比	
$ new_set[a]	语文	11	18.3%	55.0%
	数学	9	15.0%	45.0%
	英语	16	26.7%	80.0%
	物理	13	21.7%	65.0%
	化学	5	8.3%	25.0%
	地理	6	10.0%	30.0%
总　　计		60	100.0%	300.0%

注：a. 值为 1 时别表的二分组。

结果分析：

在表 3-10 中,由个案百分比(百分比)可知,学生对语文、数学、英语、物理、化学、地理各科老师的满意度分别为 18.3%、15.0%、26.7%、21.7%、8.3%、10.0%,对英语老师的满意度最高,对化学老师的满意度最低。本案例中个案百分比有参考意义。

若要进一步分析在学生最满意的老师中各科老师的分布情况,只需对变量 DA1 进行频数分析即可,读者可参考 3.2 节,此处不再赘述。

案例 3-9 以"教师的满意度调查.sav"为例,演示多项选择题的交叉频数分析的操作。分析男生与女生对教师的满意度的差异。

SPSS 中多项选择题的交叉频数分析的操作如下:

■ 选择菜单:分析→多重响应→交叉表,打开"多响应交叉表"对话框。将"多响应集"中的"$new_set"选择到"列"列表框中,将"XB"选择到"行"列表框中,如图 3-30 所示。

■ 单击"XB"后再单击"定义范围"按钮,打开对话框,输入最小值 0、最大值 1,如图 3-31 所示,然后单击"继续"按钮。

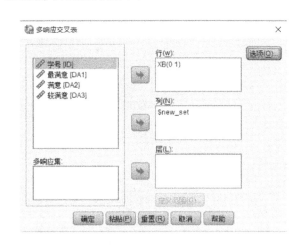

图 3-30

■ 单击"选项"按钮,相关设置如图 3-32 所示,然后单击"继续"按钮。

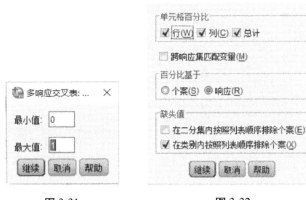

图 3-31   图 3-32

完成操作后,在输出窗口中可见分析的结果,如表 3-11 所示。

表 3-11　XB * $new_set 交叉制表

			$new_set						总计
			语文	数学	英语	物理	化学	地理	
性别	女	计数	7	4	9	8	2	3	33
		XB 内的百分比	21.2%	12.1%	27.3%	24.2%	6.1%	9.1%	
		$new_set 内的百分比	63.6%	44.4%	56.3%	61.5%	40.0%	50.0%	
		总计的百分比	11.7%	6.7%	15.0%	13.3%	3.3%	5.0%	55.0%
	男	计数	4	5	7	5	3	3	27
		XB 内的百分比	14.8%	18.5%	25.9%	18.5%	11.1%	11.1%	
		$new_set 内的百分比	36.4%	55.6%	43.8%	38.5%	60.0%	50.0%	
		总计的百分比	6.7%	8.3%	11.7%	8.3%	5.0%	5.0%	45.0%
总计		计数	11	9	16	13	5	6	60
		总计的百分比	18.3%	15.0%	26.7%	21.7%	8.3%	10.0%	100.0%

注：百分比和总计以响应为基础。

结果分析：

由表 3-11 的第四行及第八行的"XB 内的百分比"同列百分比的比较可知，对于不同学科的教师，男生与女生的满意度是有差异的。

第4章 参数检验在教育研究中的应用

4.1 假设检验的基本步骤

根据假设检验的基本思想,假设检验可以分以下四大基本步骤:

- 根据推断检验的目标,提出两个相互对立的假设:原假设(记为H_0)和备择假设(记为H_1)。通常,将希望证实和支持的假设放在备择假设上,将希望推翻的假设放在原假设上。
- 选择检验统计量,这个工作是统计学家的课题,选择统计量有不同的理论、方法和策略。普通用户只要知道什么问题用什么统计量就行了。
- 计算检验统计量观测值发生的概率,即概率 p-值或称为相伴概率。
- 给定显著性水平 α,并作出统计决策。如果概率 p-值小于显著性水平 α,则拒绝原假设,认为原假设不真;如果概率 p-值大于显著性水平 α,则接受原假设,认为原假设为真。

4.2 单样本 t 检验在教育研究中的应用

单样本 t 检验的前提是样本来自的总体应服从或近似服从正态分布 $N(\mu,\sigma^2)$。检验的目的是利用来自正态总体的数据,推断该总体的均值 μ 是否与指定的检验值 μ_0 存在显著差异。即原假设为:$H_0:\mu=\mu_0$,备择假设为:$H_1:\mu\neq\mu_0$。

案例 4-1 以"数学成绩的单样本 t 检验($\mu_0=87$). sav"为例,演示单样本 t 检验的操作。对数据中的"math"变量进行单样本 t 检验。检验的原假设为 $H_0:\mu=87$,显著性水平取 0.05。

- 打开菜单:分析→比较均值→单样本 t 检验,打开如图 4-1 所示的对话框。

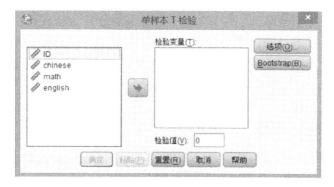

图 4-1

■ 选择变量"math"到"检验变量"列表框中,并且在"检验值"右边的输入框中输入"87",如图 4-2 所示。

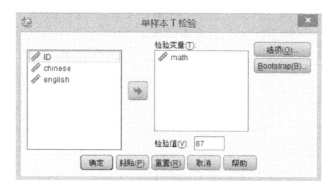

图 4-2

■ 单击"确定"按钮完成 t 检验,得到的检验结果如表 4-1 所示。

表 4-1　单个样本检验

	检验值 = 87					
	t	df	Sig.(双侧)	均值差值	差分的95%置信区间	
					下限	上限
math	−0.407	9	0.693	−1.100 00	−7.211 5	5.011 5

结果分析:

表 4-1 的第二列是 t 统计量,观测值为 −0.407;第三列是自由度,其值为 9;第四列是 t 统计量观测值的双尾概率 p-值,其值为 0.693;第五列是样本均值与检验值的差,即 t 统计量的分子部分,它除以均值标准误差后得到 t

统计量的观测值;第六列和第七列是总体均值与原假设值差的95%的置信区间,为(-7.2115,5.0115),由此,计算出总体均值的95%的置信区间为(79.7885,92.0115)。由第四列知,p-值(Sig.(双侧))为0.693,大于显著性水平0.05,因此接受原假设,认为均值与87没有显著差异。

4.3 两独立样本t检验

两独立样本t检验的前提是样本来自的两个总体应服从或近似服从正态分布$N(\mu_1,\sigma_1^2)$、$N(\mu_2,\sigma_2^2)$。检验的目的是利用来自两正态总体的数据,推断两总体的均值μ_1与μ_2是否存在显著差异。即原假设为:$H_0:\mu_1=\mu_2$,备择假设为:$H_1:\mu_1\neq\mu_2$。

在进行两独立样本t检验之前,正确组织数据是一项非常关键的任务。SPSS要求将两个样本数据存放在一个SPSS变量中,即存放在一个SPSS变量中。同时,为区分哪个样本来自哪个总体,还应定义一个存放总体标识的标识变量。

案例4-2 "对照班与实验班实验前的数据.sav"中保存的是对照班与实验班实验前的体能数据,变量"班级"取值为1的是对照班,取值为2的是实验班,是标识变量。对两个班级的50米跑成绩进行独立样本t检验。取定显著性水平为0.05。

SPSS中独立样本t检验的操作步骤如下:

■ 打开菜单:分析→比较均值→独立样本t检验,打开如图4-3所示的对话框。

图4-3

- 选择变量"A50米"到"检验变量"列表框中,选择变量"班级"到"分组变量"列表中。单击"定义组"按钮,打开"定义组"对话框,在两组中分别输入1、2,如图4-4所示。这里的1、2与变量"班级"中的值对应。

图 4-4

- 单击"继续"按钮,回到上一级对话框,得到的结果如图4-5所示。

图 4-5

- 单击"确定"按钮,得到如表4-2所示的分析结果。

表 4-2 独立样本检验

		方差方程的 Levene 检验		均值方程的 t 检验						
									差分的95%置信区间	
		F	Sig.	t	df	Sig.(双侧)	均值差值	标准误差值	下限	上限
A50米	假设方差相等	0.290	0.592	1.014	81	0.314	0.162 3	0.160 0	−0.156 1	0.480 6
	假设方差不相等			1.015	80.986	0.313	0.162 3	0.159 9	−0.155 9	0.480 4

结果分析:

表4-2比表4-1多了两列,"方差方程的Levene检验"占了多出的两列。在表4-2中,"均值方程的 t 检验"的结果每一列都有两个值,究竟要用哪一个值呢?这与"方差方程的Levene检验"的结果有关。

先看 Levene 检验的 p-值（Sig.），若此值大于显著性水平，则认为两总体的方差相等，因此在 t 检验中取"假设方差相等"那一行的值；若 Levene 检验的 p-值小于显著性水平，则认为两总体的方差不相等，因此在 t 检验中取"假设方差不相等"那一行值。在表 4-2 中，由于 Levene 检验的 p-值为 0.592，大于显著性水平 0.05，因此认为两总体的方差相等，在 t 检验中取 p-值为 0.314，由于 0.314 大于显著性水平 0.05，因此认为两总体的均值无显著差异。

4.4　两配对样本的 t 检验

两配对样本 t 检验的前提是样本来自的两个总体应服从或近似服从正态分布 $N(\mu_1, \sigma_1^2)$、$N(\mu_2, \sigma_2^2)$。检验的目的是利用来自两正态总体的数据，推断两总体的均值 μ_1 与 μ_2 是否存在显著差异。即原假设为：$H_0: \mu_1 = \mu_2$，备择假设为：$H_1: \mu_1 \neq \mu_2$。

两配对样本的 t 检验与两独立样本的 t 检验的差别是要求样本是配对的。所谓配对指的是考察对象的某个指标前后两次的观测值，或都是同一个对象的不同的数量指标的观测值，通常观测值的顺序不能颠倒。配对样本不是独立的，是相互关联的。

配对样本 t 检验的数据准备相对简单，只要用两个变量分别保存前后的观测值即可，但是前后两个观测值不可颠倒。

案例 4-3　"实验班训练前后的配对数据.sav"中保存的是实验班训练前后的体能数据，A 开头的变量保存的是训练前的数据，B 开头的变量保存的是训练后的数据。对 50 米跑的成绩进行配对样本的 t 检验。

SPSS 中两配对样本的 t 检验的操作步骤如下：

■ 打开菜单：分析→比较均值→配对样本 t 检验，打开如图 4-6 所示的对话框。

■ 选择变量"A50 米"到"成对变量""对 1"的"Variable1"下面，择变量"B50 米"到"成对变量""对 1"的"Variable2"下面，如图 4-7 所示。若要对多个配对样本进行 t 检验，则只要选择多对变量即可。

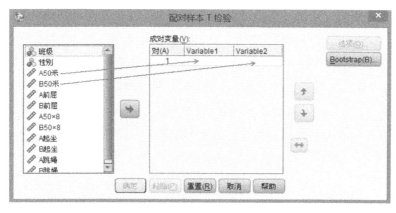

图 4-6

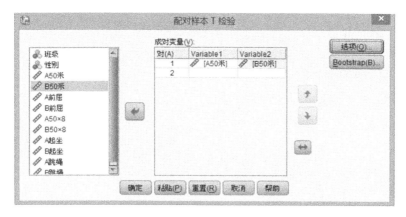

图 4-7

■ 单击"确定"按钮,完成操作,得到如表 4-3、表 4-4 所示的分析结果。

表 4-3　成对样本相关系数

		N	相关系数	Sig.
对 1	A50 米 &B50 米	42	0.309	0.046

表 4-4　成对样本检验

		成对差分					t	df	Sig.(双侧)
		均值	标准差	均值的标准误差	差分的95%置信区间				
					下限	上限			
对 1	A50 米—B50 米	0.307 1	0.865 7	0.133 6	0.037 4	0.576 9	2.299	41	0.027

结果分析：

在表 4-3 中，给出了两个变量"A50 米"与"B50 米"之间的相关性检验，从两个角度说明相关性：检验 p-值为 0.027，小于显著性水平 0.05，拒绝原假设，认为两变量间是相关的；另一方面，相关系数为 0.309，说明两变量间的相关性较弱。在表 4-4 中，配对样本的 t 检验的 p-值[sig.（双侧）]为 0.027，小于显著性水平 0.05，因此，我们认为两个总体的均值有显著差异，即训练前与训练后平均成绩有显著差异。

第5章 非参数检验在教育研究中的应用

非参数检验是指在总体分布未知或知道甚少的情况下,利用样本数据对总体分布形态等进行推断的方法。由于这些方法一般不涉及总体参数而得名。非参数检验与参数检验共同构成假设检验的基本内容。

5.1 单样本的非参数假设检验

5.1.1 卡方检验

卡方检验方法可以根据样本数据,推断总体分布与期望分布或某一理论分布是否存在显著差异,这是一种吻合性检验,通常适用于对有多项分类值勤的总体分布的分析。原假设为:实际分布与期望分布一致。可采用 Pearson 卡方检验统计量

$$\chi^2 = \sum_{i=1}^{k} \frac{(f_i^0 - f_i^e)^2}{f_i^e} \sim \chi^2(k-1)$$

其中 f_i^0 为观察频数,f_i^e 为期望频数。SPSS 将自动计算 χ^2 的观测值,并计算相应的 p-值。

案例 5-1 某校以"男女同桌对提高成绩是否有益"为题对学生所持的态度进行了调查,态度分为"有益""无益""不表态"三类。调查的结果保存在"男女同桌对提高成绩是否有益的态度调查.sav"中。试分析学生这三种态度的比是否是 2:1:1,即这三种态度的分布律是否是:

态度	有益	无益	不表态
概率	0.5	0.25	0.25

在进行卡方检验之前,先对个案进行加权处理。

SPSS 中对个案进行加权处理的操作步骤如下:

■ 打开菜单:数据→加权个案,在"加权个案"对话框中各部分的设置如图 5-1 所示。

■ 单击"确定"按钮,完成操作。在数据视图的状态栏左侧有如图 5-2

所示的提示。

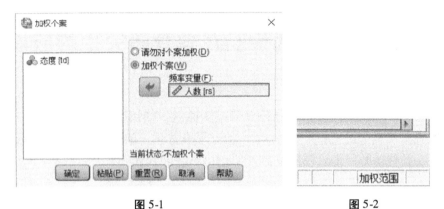

图 5-1　　　　　　　　　　图 5-2

SPSS 中进行卡方检验的操作步骤如下：

■ 打开菜单：分析→非参数检验→旧对话框→卡方，打开"卡方检验"对话框。将"态度"变量选择到"检验变量列表"框中；在"期望值"框中选择单选按钮"值"，且在其后的输入框中依次输入"2""1""1"，每输入一个数值单击一次"添加"按钮，如图 5-3 所示。

图 5-3

■ 单击"确定"按钮,完成操作,得到如表 5-1 所示的输出结果。

表 5-1 检验统计量

	态度
卡方	.071[a]
df	2
渐近显著性	.965

注:a.0 个单元(0.0%)具有小于 5 的期望频率。单元最小期望频率为 21.0。

结果分析:

表 5-1 显示卡方检验统计量的值为 0.071,渐近 p-值为 0.965,取显著性水平为 0.05 时,由于 p-值大于 0.05,因此接受原假设,认为学生的三种态度的比是 2∶1∶1。

5.1.2 单样本的 $K-S$ 检验

单样本 $K-S$ 检验是利用样本数据推断总体是否服从某一理论分布,适用于探索连续型随机变量的分布形态:正态分布(Normal)、均匀分布(Uniform)、泊松分布(Poisson)、指数分布(Exponential)。

零假设为:样本来自的总体与指定的理论分布无显著差异。

在零假设成立的前提下,计算各样本观测值在期望分布中出现的累计概率值 $F(x)$ 和各样本观测值的实际累计概率值 $S(x)$,再计算二者之差 $D(x)$,最后计算 $D(x)$ 的最大值:

$$D = \max(S(x_i) - F(x_i))$$

如果样本总体的分布与期望分布差异不明显,D 就不会很大。SPSS 自动给出 $\sqrt{n}D$ 和对应的 p-值。

案例 5-2 在统计学的许多统计方法中都要求样本来自的总体为正态总体,这就要求根据样本进行总体的正态性检验,进行正态性检验就要使用非参数假设检验。试利用数据"考试成绩.sav"对数学成绩进行正态性检验。

SPSS 中进行非参数假设检验的操作步骤如下:

■ 打开菜单:分析→非参数检验→旧对话框→1 - 样本 $K-S$(1),打开"单样本 Kolmogorov-Smirnov 检验"对话框。将"数学[math]"变量选择到"检验变量列表"框中;在"检验分布"框中选择"常规"复选框,如图 5-4 所示。

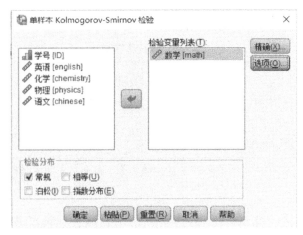

图 5-4

■ 单击"确定"按钮,完成操作,得到如表 5-2 所示的输出结果。

表 5-2 单样本 Kolmogorov-Smirnov 检验

		数学
N		39
正态参数[a,b]	均值	85.77
	标准差	10.994
最极端差别	绝对值	0.154
	正	0.114
	负	−0.154
Kolmogorov-Smirnov Z		0.962
渐近显著性(双侧)		0.313

注:a. 检验分布为正态分布;b. 根据数据计算得到。

结果分析:

表 5-2 显示检验的渐近 p-值为 0.313,如果取显著性水平为 0.05,则接受原假设,认为样本来自的总体是一个正态总体,总体的近似分布为 $N(85.77, 10.994^2)$。

5.2 两样本的非参数假设检验

5.2.1 两独立样本的非参数假设检验

两独立样本的非参数假设检验是在对总体分布不甚了解的情况下,通过对两个独立样本的分析推断样本来自的两总体分布是否存在显著性差异的方法。独立样本是指在一个总体中随机抽样对另一个总体中随机抽样没有影响的情况下所获得的样本。SPSS 中提供了多种两独立样本的非参数检验方法,其中包括曼-惠特尼 U 检验、K-S 检验、W-W 游程检验、极端反应检验等。检验的零假设是:两样本来自的总体无显著差异。

案例 5-3 数据"对照班与实验班实验前.sav"中保存的是体育教学实验的实验前的数据,1 班为实验班,2 班是对照班。对实验前的数据进行非参数假设检验,分析跳绳的成绩有没有显著差异。

SPSS 中的操作步骤如下:

■ 打开菜单:分析→非参数检验→旧对话框→2 个独立样本(2),打开"两个独立样本检验"对话框。将变量"跳绳"选择到"检验变量列表"框中;将变量"班级"选择到"分组变量"列表框中,并且定义 1、2 两组。在"检验类型"框中选择"Mann-Whitney U"复选框,如图 5-5 所示。

图 5-5

■ 单击"确定"按钮,完成操作,得到如表 5-3 所示的输出结果。

表 5-3 检验统计量[a]

	跳绳
Mann-Whitney U	706.000
Wilcoxon W	1567.000
Z	-1.412
渐近显著性(双侧)	0.158

注:a. 分组变量:班级。

结果分析:

表 5-3 显示 Mann-Whitney U 检验统计量的值为 706.000;检验的渐近

p-值为 0.158,如果取显著性水平为 0.05,则接受原假设,认为样本来自的总体无显著差异,即在实验之前,实验班与对照班的成绩没有差异。

5.2.2 两配对样本的非参数假设检验

两配对样本的非参数假设检验是在对总体分布不甚了解的情况下,通过对两个配对样本的分析推断样本来自的两总体分布是否存在显著性差异的方法。SPSS 提供了 McNemar 检验、符号检验、Wilcoxon 符号秩检验等检验方法。其中,McNemar 检验适用于二值数据的检验,如分析学生学习前后对地理学习的重要性的认识是否有变化;符号检验在数据不是二值数据时适用;Wilcoxon 符号秩检验是符号检验的改进,考虑到了数据变化的程度,如心率快了多少、成绩提高了多少等。检验的零假设为:样本来自的两总体的分布不存在显著差异。

案例 5-4 为了检验某种新的训练方法是否有助于提高跳远运动员的成绩,我们收集了 10 名同学在使用新训练方法前和使用新训练方法后的跳远成绩,数据在"训练成绩.sav"中。试分析使用新训练方法前和后的成绩有无显著性差异。

SPSS 中的操作步骤如下:

■ 打开菜单:分析→非参数检验→旧对话框→2 个相关样本(L),打开"两个关联样本检验"对话框。将变量"训练前成绩""训练后成绩"分别选择到"检验对"列表框的"Variable1""Variable2"下方构成一对。在"检验类型"框中选择"Wilcoxon"和"符号检验"复选框,如图 5-6 所示。

图 5-6

- 单击"确定"按钮,完成操作,得到如表 5-4、表 5-5 所示的输出结果。

表 5-4　Wilcoxon 符号秩检验统计量[b]

	训练后成绩 – 训练前成绩
Z	– 1.599[a]
渐近显著性(双侧)	0.110

注:a. 基于负秩;b. Wilcoxon 带符号秩检验。

表 5-5　符号检验统计量[b]

	训练后成绩 – 训练前成绩
精确显著性(双侧)	0.180[a]

注:a. 已使用的二项式分布;b. 符号检验。

结果分析:

表 5-4 为 Wilcoxon 符号秩检验的结果,p-值为 0.110;表 5-5 为符号检验的结果,p-值为 0.180。如果取显著性水平为 0.05,由于上述两个 p-值都大于显著性水平 0.05,因此接受原假设,认为训练前和后的成绩分布没有显著差异,新训练方法没有显著效果。

5.3　P–P图与Q–Q图

单样本的非参数假设检验用于检验数据来自的总体是否是某个已知分布,是从定量的角度研究的。事实上,在进行定量研究之前可以先观测图形,先行判断其大致的分布。P–P 图与 Q–Q 图就是很好的工具。由于 P–P 图与 Q–Q 图的操作方法及结果的解读大致相同,因此,这里仅以 P–P 图为例进行讲解。

案例 5-5　以案例 5-2 中的"考试成绩.sav"为例,画出"数学"成绩 P–P 图,从 P–P 图上考察数学成绩是否服从正态分布。

SPSS 中画 P–P 图的操作步骤如下:

- 打开菜单:分析→描述统计→P–P 图,打开"P–P 图"对话框。选择变量"数学[math]"到"变量"列表框中;在"检验分布"的下拉列表中选择"正态",如图 5-7 所示。

图 5-7

■ 单击"确定"按钮,完成操作,得到如图 5-8 所示的输出结果。

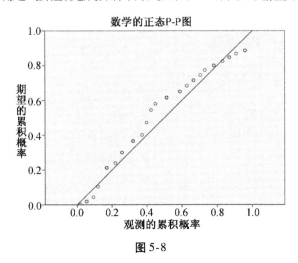

图 5-8

结果分析:

图 5-8 是数学成绩的正态 P－P 图。考察所研究的样本是否来自某指定总体,只要看数据的散点是否在图中的那条斜线附近。由图 5-8 可知,数学成绩基本上服从正态分布。

第6章　SPSS 方差分析

6.1　方差分析的作用

在诸多领域的数量分析研究中，找到众多影响因素中重要的影响因素是非常重要的。比如：在农业生产中，我们总是希望在尽量少的投入成本下得到较高的农作物产量。这就需要首先分析农作物的产量究竟受到哪些因素的影响。有许多因素会影响农作物的产量，如种子的品种、施肥量、气候、地域等，它们都会给农作物的产量带来或多或少的影响。如果我们能够掌握在众多的影响因素中，哪些因素对农作物的产量起到了主要的、关键性的作用，我们就可以根据实际情况对这些关键因素加以控制。

进一步说，在掌握关键影响因素，如品种、施肥量等因素之后，我们还要对不同的品种、不同的施肥量条件下的产量进行对比分析，研究究竟哪个品种的产量高，施肥量究竟多少最合适，哪种品种与哪种施肥量搭配最优，等等。在这些分析研究的基础上，我们就可以计算出各个组合方案的成本和收益，并选择最合理的种植方案，主动地在农作物种植过程中对各种影响因素加以准确控制，进而获得最理想的效果。这里就要使用所谓的方差分析了。

6.2　相关概念

（1）影响因素的分类：在所有的影响因素中，根据是否可以人为控制分为两类：一类是人为可以控制的因素，称为控制因素或控制变量，如种子品种的选定、施肥量的多少；另一类因素是认为很难控制的因素，称为随机因素或随机变量，如气候和地域等影响因素。在很多情况下，随机因素指的是实验过程中的抽样误差。

（2）控制变量的不同水平：控制变量的不同取值或水平，称为控制变量的不同水平。例如，教学方法是一个控制变量，讲授法、练习法、谈话法就是这个控制变量的三个水平。

（3）观测变量：受控制变量和随机变量影响的变量称为观测变量，如学习成绩、学习态度、学习兴趣等。

方差分析就是从观测变量的方差入手，研究诸多控制变量中哪些变量是对观测变量有显著影响的变量，以及对观测变量有显著影响的各个控制变量其不同水平以及各水平的交互搭配是如何影响观测变量的一种分析方法。

在假设观测变量各总体服从正态分布和同方差的条件下，从对观测变量的方差分解入手，通过推断控制变量各水平下各观测变量的均值是否存在显著差异，分析控制变量是否给观测变量带来了显著影响，进而再对控制变量各个水平对观测变量影响的程度进行剖析。

根据控制变量的个数可将方差分析分为单因素方差分析、多因素方差分析；根据观测变量的个数可将方差分析分为一元方差分析（单因素方差分析）和多元方差分析（多因素方差分析）。

6.3 单因素方差分析

单因素方差分析用来研究一个控制变量的不同水平是否对观测变量产生了显著影响。例如：分析不同的教学法是否对学生的成绩产生显著影响；研究不同学历是否对工资收入产生显著影响等。

进行单因素方差分析时，数据的组织很重要，用一个变量作为标识变量标识单个因素的不同的水平，另一个变量保存在不同水平下的观测变量的值，数据的组织方式类似于两个独立样本 t 检验。

单因素方差分析的基本步骤如下：

■ 提出原假设：控制变量不同水平下观测变量各总体的均值无显著差异。

■ 计算检验统计量和概率 p-值。

■ 给定显著性水平，与 p-值做比较：如果 p-值小于显著性水平，则应该拒绝原假设，反之就不能拒绝原假设。

案例 6-1　选取三组同学，每组 5 个人，分别用三种不同的方法学习，然后测得学习成绩。数据保存在"三种学习方法效果的单因素方差分析.sav"中。对学习方法进行单因素方差分析，并给出选择哪种学习方法的建议。

SPSS 中单因素方差分析的操作步骤如下：

■ 打开菜单：分析→比较均值→单因素 ANOVA，打开"单因素方差分析"

对话框。将变量"成绩[score]"选择到"因变量列表"框中,将变量"学习方法[method]"选择到"因子"列表框中,如图 6-1 所示。

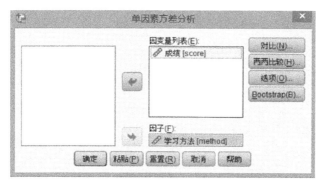

图 6-1

■ 单击"选项"按钮,打开"单因素 ANOVA：选项"对话框,并且勾选"描述性"与"方差同质性检验"复选框,如图 6-2 所示。勾选"均值图"复选框,输出各水平下观测变量均值的折线图。

注：其中"方差同质性检验"很重要,用于对两总体的方差进行同质性检验,这是能否对数据进行单因素方差分析的前提要求。

■ 单击"继续"按钮回到上一级对话框,再单击"两两比较"按钮,打开"单因素 ANOVA：两两比较"对话框,如图 6-3 所示。在图 6-3 所示的对话框中,SPSS 提供了 18 种两两比较的方法。在方差分析中,由于其前提条件所限,应用中多采用"假定方差齐性"框中的方法。这里勾选的方法如图 6-3 所示。SPSS 默认的显著性水平为 0.05,可以根据实际情况修改"显著性水平"后的数值。单击"继续"按钮,回到上一级对话框。

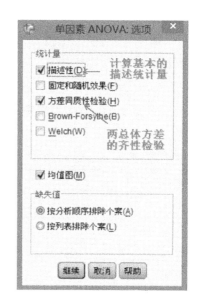

图 6-2

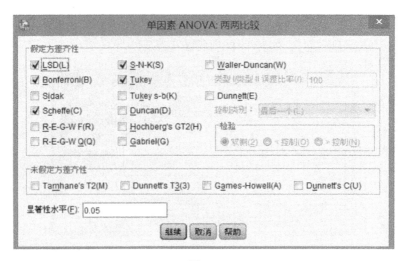

图 6-3

■ 单击"确定"按钮,完成单因素方差分析操作,得到表 6-1 至表 6-5,以及图 6-4。

结果分析:

(1) 表 6-1 列出了常用统计量的值。

表 6-1 常用统计量

(因变量:成绩)

	N	均值	标准差	标准误差	均值的95%置信区间		极小值	极大值
					下限	上限		
第一种学习方法	6	4.166 7	2.041 24	0.833 33	2.024 5	6.308 8	1.00	7.00
第二种学习方法	6	10.000 0	0.894 43	0.365 15	9.061 4	10.938 6	9.00	11.00
第三种学习方法	6	15.000 0	1.673 32	0.683 13	13.244 0	16.756 0	13.00	17.00
总数	18	9.722 2	4.799 58	1.131 27	7.335 4	12.109 0	1.00	17.00

(2) 表 6-2 给出了方差齐性检验的结果。从表中可以看出 p-值(显著性)为 0.264。如果取显著性水平为 0.05,则接受原假设,认为两总体的方差是齐性的。满足单因素方差检验的条件。

表 6-2　方差齐性检验

(因变量:成绩)

Levene 统计量	$df1$	$df2$	显著性
1.458	2	15	0.264

(3) 表 6-3 给出了方差分析的结果,这里的 p-值(显著性)为 0.00,小于显著性水平 0.05,因此拒绝原假设,认为不同的学习方法对学习效果(成绩)有显著影响。

表 6-3　ANOVA

(因变量:成绩)

	平方和	df	均方	F	显著性
组间	352.778	2	176.389	68.133	0.000
组内	38.833	15	2.589		
总数	391.611	17			

(4) 表 6-4 给出了多重比较(两两比较)的结果。从"显著性"所在列所列出的 p-值中,不难发现任何两种学习方法对学习效果的影响都是显著的。这里使用了多种两两比较的方法,但是得到的结论基本相同。

表 6-4　多重比较

(因变量: 成绩)

	(I)学习方法	(J)学习方法	均值差(I-J)	标准误差	显著性	95%置信区间 下限	95%置信区间 上限
Tukey HSD	第一种学习方法	第二种学习方法	-5.833 33*	0.928 96	0.000	-8.246 3	-3.420 4
	第一种学习方法	第三种学习方法	-10.833 33*	0.928 96	0.000	-13.246 3	-8.420 4
	第二种学习方法	第一种学习方法	5.833 33*	0.928 96	0.000	3.420 4	8.246 3
	第二种学习方法	第三种学习方法	-5.000 00*	0.928 96	0.000	-7.412 9	-2.587 1
	第三种学习方法	第一种学习方法	10.833 33*	0.928 96	0.000	8.420 4	13.246 3
	第三种学习方法	第二种学习方法	5.000 00*	0.928 96	0.000	2.587 1	7.412 9

续表

	（I）学习方法	（J）学习方法	均值差（I-J）	标准误差	显著性	95%置信区间 下限	95%置信区间 上限
Scheffe	第一种学习方法	第二种学习方法	-5.833 33*	0.928 96	0.000	-8.354 3	-3.312 3
Scheffe	第一种学习方法	第三种学习方法	-10.833 33*	0.928 96	0.000	-13.354 3	-8.312 3
Scheffe	第二种学习方法	第一种学习方法	5.833 33*	0.928 96	0.000	3.312 3	8.354 3
Scheffe	第二种学习方法	第三种学习方法	-5.000 00*	0.928 96	0.000	-7.521 0	-2.479 0
Scheffe	第三种学习方法	第一种学习方法	10.833 33*	0.928 96	0.000	8.312 3	13.354 3
Scheffe	第三种学习方法	第二种学习方法	5.000 00*	0.928 96	0.000	2.479 0	7.521 0
LSD	第一种学习方法	第二种学习方法	-5.833 33*	0.928 96	0.000	-7.813 4	-3.853 3
LSD	第一种学习方法	第三种学习方法	-10.833 33*	0.928 96	0.000	-12.813 4	-8.853 3
LSD	第二种学习方法	第一种学习方法	5.833 33*	0.928 96	0.000	3.853 3	7.813 4
LSD	第二种学习方法	第三种学习方法	-5.000 00*	0.928 96	0.000	-6.980 0	-3.020 0
LSD	第三种学习方法	第一种学习方法	10.833 33*	0.928 96	0.000	8.853 3	12.813 4
LSD	第三种学习方法	第二种学习方法	5.000 00*	0.928 96	0.000	3.020 0	6.980 0
Bonferroni	第一种学习方法	第二种学习方法	-5.833 33*	0.928 96	0.000	-8.335 7	-3.331 0
Bonferroni	第一种学习方法	第三种学习方法	-10.833 33*	0.928 96	0.000	-13.335 7	-8.331 0
Bonferroni	第二种学习方法	第一种学习方法	5.833 33*	0.928 96	0.000	3.331 0	8.335 7
Bonferroni	第二种学习方法	第三种学习方法	-5.000 00*	0.928 96	0.000	-7.502 4	-2.497 6
Bonferroni	第三种学习方法	第一种学习方法	10.833 33*	0.928 96	0.000	8.331 0	13.335 7
Bonferroni	第三种学习方法	第二种学习方法	5.000 00*	0.928 96	0.000	2.497 6	7.502 4

注：*. 均值差的显著性水平为0.05。

（5）表6-5是在显著性水平为0.05时给出的不同的两两比较的方法给出的相似性子集列表。不难发现，由于任意两种学习方法对学习效果的影响都是显著的，因此三种学习方法被分在三个相似性子集里。

表 6-5　成绩

学习方法		N	alpha = 0.05 的子集		
			1	2	3
Student-Newman-Keulsa	第一种学习方法	6	4.166 7		
	第二种学习方法	6		10.000 0	
	第三种学习方法	6			15.000 0
	显著性		1.000	1.000	1.000
Tukey HSD[a]	第一种学习方法	6	4.166 7		
	第二种学习方法	6		10.000 0	
	第三种学习方法	6			15.000 0
	显著性		1.000	1.000	1.000
Scheffe[a]	第一种学习方法	6	4.166 7		
	第二种学习方法	6		10.000 0	
	第三种学习方法	6			15.000 0
	显著性		1.000	1.000	1.000

注：将显示同类子集中的组均值。a. 将使用调和均值样本大小 = 6.000。

（6）在图 6-4 中输出了各水平下观测变量均值的折线图。若要选择适合的学习方法，显然可以选择第三种学习方法。

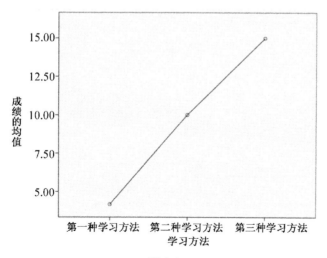

图 6-4

6.4 多因素方差分析

控制变量为两个或两个以上的方差分析称为多因素方差分析。

案例 6-2 研究教学气氛与教学方法两个控制因素对教学效果(识字个数)的影响。教学气氛有两个水平：严肃的与轻松的；教学方法也有两个水平：集中识字与分散识字。选取了 10 个学生分成两组，每 5 个人一组，在严肃的气氛下进行两种教学方法教学；选取了 10 个学生分成两组，每 5 个人一组，在轻松的气氛下进行两种教学方法教学。在组织数据时，设置三个变量：第一个变量保存的是教学气氛的两个水平；第二个变量保存的是教学方法的两个水平；第三个变量保存的是识字个数。数据保存在"不同教学气氛不同教学方法对识字的影响效果的双因素方差分析.sav"中。请注意数据的组织方式。对该数据进行两因素方差分析，并选取一种合适的教学气氛与教学方法组合。

SPSS 中多因素方差分析的操作步骤如下：

■ 打开菜单：分析→一般线性模型→单变量，打开"单变量"对话框，如图 6-5 所示。

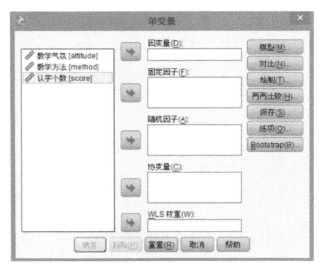

图 6-5

■ 选择变量"识字个数[score]"至"因变量"列表框中，选择变量"教学气氛[attitude]"与"教学方法[method]"至"固定因子"列表框中，如图 6-6 所示。

图 6-6

■ 单击"绘制"按钮,打开"单变量:轮廓图"对话框,选择变量"attitude"到"水平轴"列表框中,选择变量"method"到"单图"列表框中,然后单击"添加"按钮,完成一组变量的选择。该操作用于绘制两变量的交互作用轮廓图,如果两变量有交互作用,则各水平对应的直线会相交;如果两变量无交互作用,则各水平对应的直线不会相交。选择完毕后的结果如图 6-7 所示。单击"继续"按钮,回到上一级对话框。

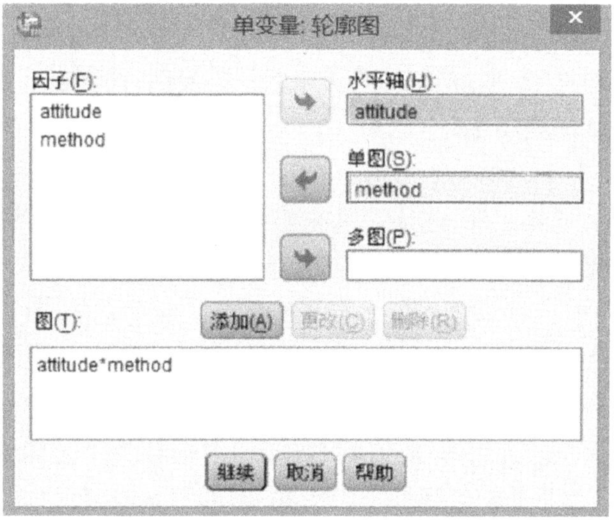

图 6-7

■ 单击"选项"按钮,打开"单变量:选项"对话框,选择变量组合"attitude * method"到"显示均值"列表框中。该操作用于输出交互作用下识字个数的平均值,如图 6-8 所示。单击"继续"按钮回到上一级对话框。

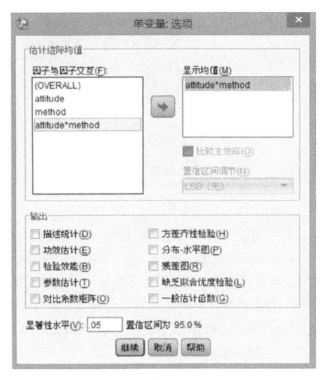

图 6-8

■ 单击"确定"按钮,完成双因素方差分析操作,得到表 6-6、表 6-7 以及图 6-9 所示的输出结果。

结果分析:

(1) 在表 6-6 中,第一列是对观测变量总变差分解的说明;第二列是观测变量变差分解的结果;第三列是自由度;第四列是均方;第五列是 F 检验统计量的观测值;第六列是检验统计量的概率 p-值。可以看到:$F($ attitude $)$、$F($ method $)$、$F($ attitude * method $)$ 的概率 p-值分别为 0.000、0.559 和 0.003。如果显著性水平为 0.05,由于 $F($ attitude $)$ 的概率 p-值小于显著性水平,所以,应拒绝原假设,可以认为不同教学气氛的识字个数的总体均值存在显著差异,各自不同的水平给销售额带来了显著影响;$F($ method $)$ 的概率 p-值大于显著性水平,所以应接受原假设,可以认为不同教学方法的识字个数的总体均值不存在显著差异,各自不同水平给识字个数没有带来显著性的影响;同时,$F(attitude*method)$的概率 p-值小于显著性水平,因此应拒绝原假设,认为不同的教学气氛与不同的教学方法的交互作用对识字个数产生了显著的影响。

表 6-6 主体间效应的检验

(因变量:识字个数)

源	III 型平方和	df	均方	F	Sig.
校正模型	1 553.750[a]	3	517.917	21.876	0.000
截距	11 376.450	1	11 376.450	480.526	0.000
attitude	1 264.050	1	1 264.050	53.392	0.000
method	8.450	1	8.450	0.357	0.559
attitude * method	281.250	1	281.250	11.880	0.003
误差	378.800	16	23.675		
总计	13 309.000	20			
校正的总计	1 932.550	19			

注:a. R 方 $=0.804$(调整 R 方 $=0.767$)。

(2)表 6-7 中输出了不同的教学气氛与不同的教学方法的交互作用下,识字个数的观测值的平均值,采用轻松的教学气氛与集中识字的方法能收到很好的教学效果。

表 6-7 教学气氛 * 教学方法

(因变量:识字个数)

教学气氛	教学方法	均值	标准误差	95% 置信区间	
				下限	上限
严肃	集中认字	12.800	2.176	8.187	17.413
	分散识字	19.000	2.176	14.387	23.613
轻松	集中认字	36.200	2.176	31.587	40.813
	分散识字	27.400	2.176	22.787	32.013

(3) 图 6-9 表明了教学气氛与教学方法之间确实存在交互作用。

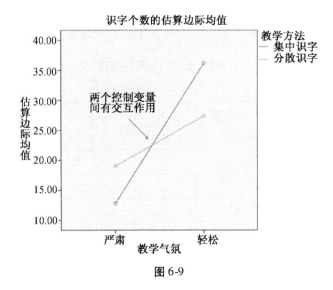

图 6-9

需要说明的是,在图 6-6 中如果单击"两两比较"按钮,则出现如图 6-10 所示的对话框。在这里可以选择单个控制变量,进行单个因素的不同水平间的两两比较。与单因素方差分析的结果相同,这里不再赘述。

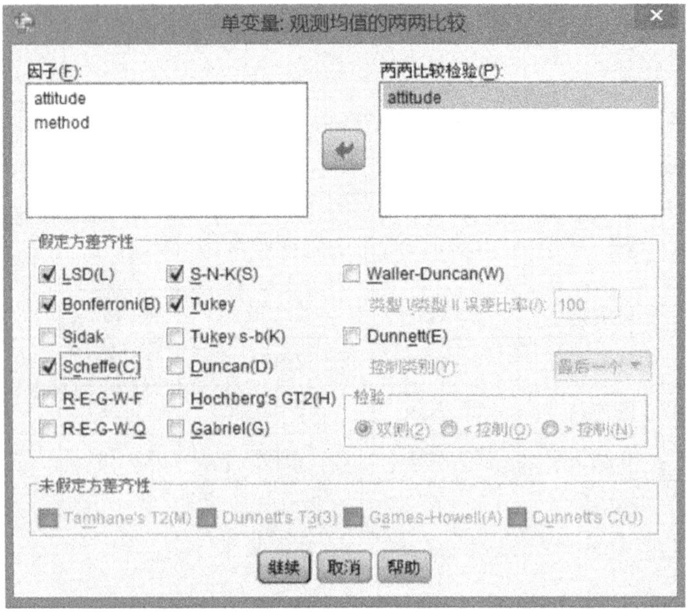

图 6-10

6.5 协方差分析

无论是单因素方差分析还是多因素方差分析,控制变量是可以控制的,其各个水平可以通过人为努力得到控制和确定。但是在实际问题中,有些控制变量很难人为控制,但它们的不同水平确实对观测变量产生了较为显著的影响。比如:不同地块对农作物产量的影响。在方差分析中,如果忽略这些因素的存在而单纯去分析其他因素对观测变量的影响,往往会夸大或缩小其他因素对观测变量的影响,使分析结论不准确。因此,为了更加准确地研究控制变量在不同水平下对观测变量的影响,应尽量排除其他因素对分析结论的影响。

协方差分析就是将那些很难人为控制的因素作为协变量,并在排除协变量对观测变量影响的条件下,分析控制变量对观测变量的影响,从而更加准确地对控制变量进行分析。

方差分析中的控制变量都是定性变量(包括定类和定序变量),线性回归分析中的解释变量(自变量)都是定距变量。协方差分析中的控制变量是定性变量,而协变量一般是定距变量。所以说协方差分析是一种介于方差分析和线性回归分析之间的分析方法。

协方差分析中要求多个协变量之间无交互作用,且观测变量与协变量之间有显著的线性关系。

案例 6-3 为研究三种不同的教学方法对学生成绩的影响,对三个平等班的学生进行试验,得到试验后的成绩数据。由于试验前学生的学业水平对试验的结果有影响,于是试验前对参与试验的学生进行了测试,得到了试验前的成绩数据。采用单因素协方差分析的方法进行分析。这里,试验后的成绩为观测变量,教学方法为控制变量,试验前的成绩为协变量。数据保存在"教学方法与成绩.sav"中。

为分析试验前的成绩是否能作为协变量,可以首先绘制它与体重增加量的散点图。操作步骤如下:

■ 打开菜单:图形→旧对话框→散点/点状,打开如图 6-11 所示的对话框。

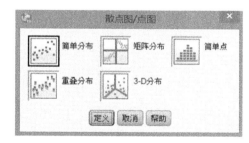

图 6-11

■ 单击"简单分布"后单击"定义"按钮,打开"简单散点图"对话框,并将变量"试验前[syq]"选入"X 轴"框中,将变量"试验后[syh]"选入"Y 轴"框中,将变量"教学方法[jxff]"选入"设置标记"框中,如图 6-12 所示。

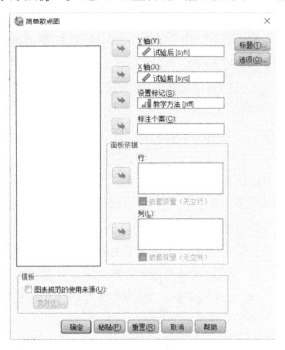

图 6-12

■ 单击"确定"按钮,完成操作,得到如图 6-13 所示的散点图。

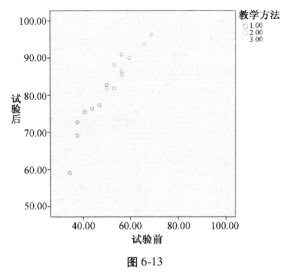

图 6-13

从图 6-13 中可以发现,在不同试验组中,试验前的成绩与试验后的成绩呈较为明显的线性关系,且各斜率基本相同。因此试验前的成绩可以作为协变量参与协方差分析。

SPSS 中进行协方差分析与多因素方差分析使用同一个过程:

打开菜单:分析→一般线性模型→单变量,打开"单变量"对话框,将"试验后[syh]""试验前[syq]""教学方法[jxff]"分别选入"因变量""协变量""固定因子"框中,如图 6-14 所示。

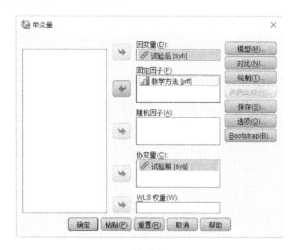

图 6-14

SPSS 将自动完成对各变差的分析,计算各 F 检验统计量的观测值和对应的概率 p 值及其他计算结果,并将结果输出到输出窗口中,分析结果如表 6-8 所示。

表 6-8　主体间效应的检验

(因变量:试验后)

源	III 型平方和	df	均方	F	Sig.
校正模型	1 930.229[a]	3	643.410	70.653	0.000
截距	735.148	1	735.148	80.726	0.000
syq	841.317	1	841.317	92.385	0.000
jxff	588.887	2	294.443	32.333	0.000
误差	182.133	20	9.107		
总计	170 754.545	24			
校正的总计	2 112.362	23			

注:a. R 方 = 0.914(调整 R 方 = 0.901)。

结果分析：

由表 6-8 知,第四行的 syq 对应的 Sig. =0.000,说明试验前的成绩对试验后的成绩有显著的贡献;同时,在排除了试验前成绩的影响下,不同教学方法对成绩有显著影响(第五行 jxff 对应的 Sig. =0.000)。从模型对观测数据的拟合优度看,考虑协变量的模型的 R 方 =0.914,而不考虑协变量的模型的 R 方 =0.515。

进一步说,可以分析比较三种教学方法在对学生成绩的影响上的具体差异。可以对比三种教学方法下试验后成绩的描述统计量,如表 6-9 所示。

表 6-9　教学方法

因变量：试验后

教学方法	均值	标准误差	95% 置信区间	
			下限	上限
1.00	86.598[a]	1.665	83.126	90.071
2.00	90.433[a]	1.076	88.189	92.678
3.00	74.446[a]	1.774	70.745	78.146

注：a. 模型中出现的协变量在下列值处进行评估：试验前 =60.0729。

由表 6-9 可知：第二种教学方法下的试验后均分最高,标准差最小,因此,可选择第二种教学方法进行推广。

第 7 章　相关分析在教育研究中的应用

7.1　相关分析

相关分析用于测量和了解变量之间的密切程度。例如，教育事业的发展与科学技术的发展存在着一定的关系，学生的数学成绩与物理成绩存在着一定的关系，相关分析就是要分析这种密切程度。

相关类型：

（1）直线相关：两个变量呈线性共同增大，或一增一减。

（2）曲线相关：两个变量存在相关趋势，但非线性。此时若进行直线相关，有可能出现无相关性的结论。曲线相关分析一般都先进行变量变换，以将趋势变换为直线分析，或者采用曲线回归方法来分析。

相关方向：

依照两种变量变动的方向分为正相关、负相关和零相关。

相关分析的基本步骤如下：

（1）绘制散点图。

如果两个变量没有关系，就谈不上建立模型或进行回归分析。但怎样才能发现两个变量有没有关系呢？

最简单直观的办法就是画出它们的散点图。图 7-1 是四组数据的散点图，每一组数据表示了来自两个变量 x 和 y 的样本。

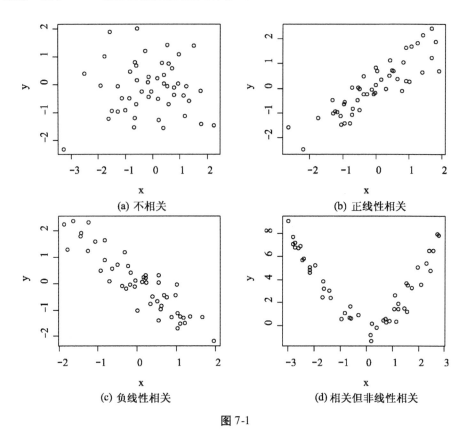

图 7-1

在利用 SPSS 绘制散点图之前,应先将数据按一定方式组织起来。

案例 7-1 利用"学生的数学与化学成绩.sav"文件数据,画出"数学成绩[math]"与"化学成绩[chem]"之间的散点图。

SPSS 中画散点图的操作步骤如下:

■ 打开菜单:图形→旧对话框→散点/点状,打开"散点图/点图"对话框,选择散点图类型为"简单",单击"定义"按钮。

■ 选择"数学成绩[math]"作为 X 轴,"化学成绩[chem]"作为 Y 轴,如图 7-2 所示。

图 7-2

■ 单击"确定"按钮,完成操作,得到如图 7-3 所示的散点图。

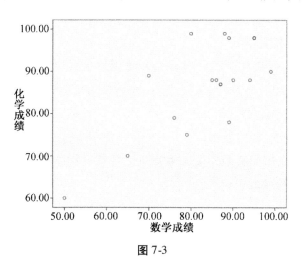

图 7-3

从图 7-3 中不难发现,"数学成绩[math]"与"化学成绩[chem]"之间呈一定的正相关。

(2) 计算相关系数,进行相关系数的检验。

虽然散点图能够直观地展现变量之间的统计关系,但并不精确,如何在数量上描述相关性呢? 下面引进几种对相关程度的度量。

① Pearson 相关系数。

Pearson 相关系数(Pearson's correlation coefficient)又叫相关系数或线性相关系数。用来度量定距变量间的线性相关关系,它一般用字母 r 表示,其公式如下:

$$r = \frac{\sum (x - \bar{x})(y - \bar{y})}{\sqrt{\sum (x - \bar{x})^2} \cdot \sqrt{\sum (y - \bar{y})^2}}$$

它由两个变量的样本取值得到,这是一个描述线性相关强度的量,取值于 -1 和 1 之间。当两个变量有很强的线性相关性时,相关系数接近 1(正相关)或 -1(负相关);而当两个变量不那么线性相关性时,相关系数就接近 0。

Pearson 相关系数的局限性:

(a) 要求变量服从正态分布。

(b) 只能度量线性相关性,对于曲线相关等更为复杂的情形,该相关系数的大小并不能代表相关性的强弱。如果 Pearson 系数很小,只能说明两变量之间没有线性关系,并不能说明两者之间没有相关关系。也就是说,该指标只能度量线性相关性,而不是相关性。(线性相关性隐含着相关性,而相关性并不隐含着线性相关性)

另外,样本中存在的极端值对 Pearson 相关系数的影响极大,因此要慎重考虑和处理,必要时可以对其进行剔出,或者加以变量变换,以避免因为一两个数值导致错误结论的出现。

② Spearman 秩相关系数。

它和 Pearson 相关系数定义有些类似,只不过在定义中把点的坐标换成各自样本的秩(即样本点大小的"座次")。

$$r = \frac{\sum (R_i - \bar{R})(S_i - \bar{S})}{\sqrt{\sum (R_i - \bar{R})^2} \cdot \sqrt{\sum (S_i - \bar{S})^2}} = 1 - \frac{6 \cdot \sum_{i=1}^{n} d_i^2}{n \cdot (n^2 - 1)}$$

Spearman 秩相关系数的取值也是在 -1 和 1 之间,也有类似的解释。

Spearman 秩相关系数适用的范围:更多地用于测量两个定序分类变量之间的线性相关程度。对于适合 Pearson 相关系数的数据亦可计算 Spearman 相关系数,但统计效能要低一些。通过它也可以进行不依赖于总体分布的非参数检验。

③ Kendall τ 相关系数(Kendall's τ)。

Kendall τ 相关系数采用非参数检验方法度量定序变量间的线性相关关系。这里的度量原理是把所有的样本点配对[如果每一个点由 x 和 y 的秩组成的坐标(x,y)代表,一对点就是诸如(x_1,y_1)和(x_2,y_2)的点对],然后看每一对中的 x 和 y 的秩的观测值是否同时增加(或减少)。比如,由点对(x_1,y_1)和(x_2,y_2),可以算出乘积$(x_2-x_1)(y_2-y_1)$是否大于 0。如果大于 0,则说明 x 和 y 同时增长或同时下降,称这两点协同(concordant);否则就是不协同。如果样本中协同的点数目多,两个变量就更加正相关一些,否则就更负相关一些;如果样本中不协同(discordant)与协同的点数差不多,则两个变量相关性就弱。

Kendall τ 统计量的数学定义为

$$\tau = (U - V)\frac{2}{n(n-1)}$$

其中,U、V 分别为协同和不协同的数目。

大样本下采用的检验统计量为

$$Z = \tau\sqrt{\frac{9n(n-1)}{2(2n+5)}}$$

Z 统计量近似服从标准正态分布。

人们可能会问,以上三种对相关的度量都是在其值接近 1 或 -1 时相关,而接近于 0 时不相关。到底是什么值才能够称为"接近"呢?

这很难一概而论,但在计算机输出中都有和这些相关度量相应的检验和 p-值,因此可以根据这些结果来判断是否相关。

案例 7-2 利用"学生的数学与化学成绩.sav"文件数据,分析"数学成绩[math]"与"化学成绩[chem]"之间的相关性。

SPSS 中计算相关系数的步骤如下:

■ 打开菜单:分析→相关→双变量。

■ 选择参加计算的变量"数学成绩[math]"与"化学成绩[chem]"到"变量"列表框中。

■ 在"相关系数"框中选择"Pearson"。

- 在"显著性检验"框中选择"双侧检验"。
- 选择"标记显著性相关",输出星号标记。
- 在"选项"中选择其他描述统计量,本例不选。

如图 7-4 所示。

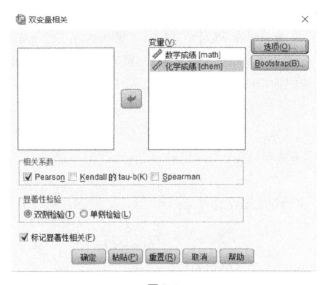

图 7-4

- 单击"确定"按钮,完成操作,得到如表 7-1 所示的输出结果。

表 7-1 输出了 Pearson 相关系数及相关性检验。

表 7-1 Pearson 相关性

		数学成绩	化学成绩
数学成绩	Pearson 相关性	1	0.742**
	显著性(双侧)		0.000
	N	18	18
化学成绩	Pearson 相关性	0.742**	1
	显著性(双侧)	0.000	
	N	18	18

注:**. 在 0.01 水平(双侧)上显著相关。

结果分析:

表 7-1 显示,两变量的 Pearson 相关系数为 0.742,相关程度较强,其相关系数检验 p-值为 0.000,在显著性水平为 0.05 下拒绝原假设,认为两总体不

是零相关,即两总体是相关的,也就是说学生的数学成绩与化学成绩是相关的。

注:表7-1中相关系数的右上角的两个星号表示,即使显著性水平为0.01时仍然拒绝原假设。一个星号表示显著性水平为0.05时拒绝原假设。因此,两个星号比一个星号拒绝原假设犯错误的可能性小。

案例7-3 以"教职工数据.sav"文件数据为例,分析"职称[zc]"与"文化程度[xl]"之间的相关性。

注意到,变量"职称[zc]"与"文化程度[xl]"都是定序变量,因此可以用Spearman等级相关数据或Kendall τ 相关系数衡量相关性的大小。本案例的操作步骤及分析方法与案例7-2类似,读者可以自行完成。

7.2 偏相关分析

简单相关分析计算两个变量间的相关系数,分析两个变量间线性关系的程度。往往因为第三个变量的作用,使相关系数不能真正反映两个变量间的线性程度。例如,用简单相关系数检验可以得到肺活量与身高、体重均存在较强的线性关系的结论;如果对体重相同的人,分析身高和肺活量,是否身高越高肺活量越大呢? 因为身高与体重有线性关系,体重又与肺活量存在线性关系,因此,很容易得出身高与肺活量存在较强线性关系的错误结论。

偏相关分析的任务就是在研究两个变量之间的线性相关关系时控制可能对其产生影响的变量。分析身高与肺活量之间的相关性,就要控制体重在相关分析中的影响。正确运用偏相关分析,可以解释变量间的真实关系,识别干扰变量并寻找隐含的相关性。

(1) 偏相关系数的计算。

控制了变量 z,变量 x、y 之间的偏相关系数和控制了两个变量 $z_1:z_2$,变量 x、y 之间的偏相关系数分别为

$$r_{xy.z} = \frac{r_{xy} - r_{xz}r_{yz}}{\sqrt{(1-r_{xz}^2)(1-r_{yz}^2)}}, \quad r_{xy.z_1z_2} = \frac{r_{xy.z_1} - r_{xz}r_{yz}}{\sqrt{(1-r_{xz_2.z_1}^2)(1-r_{yz_2.z_1}^2)}}$$

其中 $r_{xy.z}$ 是控制了 z 的条件下 x、y 之间的偏相关系数,r_{xy} 是变量 x、y 间的简单相关系数。

(2) 偏相关系数的检验。

检验的零假设:两个变量间的偏相关系数为0。使用 t 检验,公式如下:

$$t = \frac{\sqrt{n-k-2} \cdot r}{\sqrt{1-r^2}}$$

其中 r 是相应的偏相关系数，n 是观测个数，k 是控制变量的数目，$n-k-2$ 是自由度。在 SPSS 的偏相关分析过程的输出中只给出偏相关系数和假设成立的概率 p-值。

案例 7-4 "腰围和体重.sav"文件中保存了被调查者的腰围和体重及脂肪比重的数据，体重不仅与腰围有关，而且受脂肪比重的影响。为此，可以将脂肪比重作为控制变量，对体重和腰围作相关性分析。

偏相关分析的操作步骤如下：

■ 打开菜单：分析→相关→偏相关。

■ 选择参加计算的变量"体重"与"腰围"到"变量"列表框中，选择变量"脂肪比重"到"控制"列表框中。

■ 在"显著性检验"框中选择"双侧检验"。

■ 选择"标记显著性相关"，输出星号标记。

■ 在"选项"中选择其他描述统计量，本例不选。

结果如图 7-5 所示。

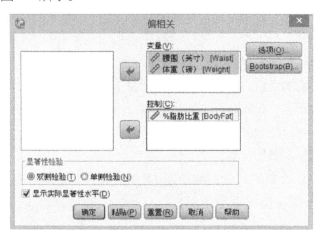

图 7-5

■ 单击"确定"按钮，完成操作，得到如表 7-2 所示的输出结果。

表 7-2 相关性

控制变量			腰围/英寸	体重/磅
%脂肪比重	腰围/英寸	相关性	1.000	0.709
		显著性(双侧)	0.	0.001
		df	0	17
	体重/磅	相关性	0.709	1.000
		显著性(双侧)	0.001	0.
		df	17	0

结果分析:

表 7-2 显示,两变量的偏相关系数为 0.709,有较强的相关性,其相关系数检验 p-值近似为 0,在显著性水平为 0.05 时拒绝原假设,认为两总体不是零相关。

第8章 回归分析在教育研究中的应用

8.1 什么是回归分析

回归分析是一种应用极为广泛的数量分析方法。它用于分析事物之间的统计关系,侧重考察变量之间的数量变化规律,并通过回归方程的形式描述和反映这种关系,帮助人们准确把握变量受其他一个或多个变量影响的程度,进而为预测提供科学依据。

"回归"一词是英国统计学家 F. Galton 在研究父亲身高和其成年儿子的身高关系时提出的。

回归分析的核心目的是找到回归线,涉及如何得到回归线,如何描述回归线,回归线是否可用于预测等问题。

8.2 回归分析的一般步骤

进行回归分析的一般步骤如下:
- 确定回归方程中的解释变量和被解释变量。
- 确定回归模型。
- 建立回归方程。
- 对回归方程进行各种检验。
- 利用回归方程进行预测。

由于回归方程是在样本数据基础上得到的,回归方程是否真实地反映了事物总体间的统计关系以及回归方程能否用于预测等都需要进行检验。

建立回归方程的目的之一是根据回归方程对事物的未来发展趋势进行预测。利用 SPSS 进行回归分析时,应重点关注上述过程中第一步和最后一步,至于中间各步,SPSS 会自动进行计算并给出最佳的模型。

8.3 线性回归分析和线性回归模型

如果所研究的现象有若干个影响因素,且这些因素对现象的综合影响是线性的,则可以使用线性回归的方法建立现象(因变量)与影响因素(自变量)之间的线性函数关系式。由于多元线性回归的计算量比较大,所以有必要应用统计分析软件实现。这一节将专门介绍 SPSS 软件的线性回归分析的操作方法,包括求回归系数,给出回归模型的各项检验统计量值及相应的概率,对输出结果进行分析等相关内容。

8.3.1 一元线性回归模型

一元线性回归模型是指只有一个解释变量的线性回归模型,用于提示被解释与另一个解释变量之间的线性关系。

一元线性回归的数学模型为

$$y = \beta_0 + \beta_1 x + \varepsilon$$

其中 β_0、β_1 为回归系数,ε 为随机误差,是一个随机变量,满足:

$$E(\varepsilon) = 0, Var(\varepsilon) = \sigma^2$$

对回归模型两边求期望,得

$$E(y) = \beta_0 + \beta_1 x$$

称之为一元线性回归方程,它表明 x 和 y 之间的统计关系是在平均意义下表述的。

对回归方程中的未知参数 β_0、β_1 进行估计是一元线性回归的核心任务之一。由于参数估计的工作是基于样本数据的,由此得到的参数只是参数真值 β_0、β_1 的估计值,记为 $\hat{\beta}_0$、$\hat{\beta}_1$,于是有

$$y = \hat{\beta}_0 + \hat{\beta}_1 x$$

称之为一元线性经验回归方程。

8.3.2 多元线性回归模型

多元线性回归模型是指含有多个解释变量的线性回归模型,用于提示被解释变量与其他多个解释变量之间的线性关系。

多元线性回归的数学模型为

$$y = \beta_0 + \beta_1 x_1 + \beta_2 x_2 + \cdots + \beta_k x_k + \varepsilon$$

回归方程为

$$E(y) = \beta_0 + \beta_1 x_1 + \beta_2 x_2 + \cdots + \beta_k x_k$$

经验回归方程为

$$\hat{y} = \hat{\beta}_0 + \hat{\beta}_1 x_1 + \hat{\beta}_2 x_2 + \cdots + \hat{\beta}_k x_k$$

其中 $\beta_0, \beta_1, \beta_2, \cdots, \beta_k$ 称为偏回归系数。

8.3.3 回归系数的估计

在线性回归分析中,回归系数的估计采用普通最小二乘估计。在使用 SPSS 分析时,SPSS 会自动完成回归系数的估计,给出最终的估计值。

8.4 回归方程的统计检验

通过样本数据建立回归方程后一般不能立即用于对实际问题的分析和预测,通常要进行各种统计检验,主要包括回归方程的拟合优度检验、回归方程的显著性检验、回归系数的显著性检验、残差分析等。

8.4.1 回归方程的拟合优度检验

回归方程的拟合优度检验是检验样本数据点聚集在回归线周围的密集程度,从而评价回归方程对样本数据的代表程度。

一元线性回归方程的拟合优度检验采用 R^2 统计量,该统计量称为判定系数或决定系数。R^2 的取值在 0~1 之间,R^2 越接近于 1,说明回归方程对样本数据点的拟合优度越高;反之,R^2 越接近于 0,说明回归方程对样本数据点的拟合优度越低。在一元线性回归分析中,R^2 是简单相关系数的平方。

多元线性回归方程的拟合优度检验采用 $\bar{R}^2$ 统计量,该统计量称为调整的判定系数或调整的决定系数,$\bar{R}^2$ 的取值范围及意义同 R^2。

8.4.2 回归方程的显著性检验

线性回归方程能够较好地反映被解释变量与解释变量之间统计关系的前提是:被解释变量和解释变量之间确实存在显著的线性关系。回归方程的显著性检验正是要检验被解释变量和所有的解释变量之间的线性关系是否显著,用线性模型来描述它们之间的关系是否恰当。

一元线性回归方程显著性检验的原假设是:$\beta_1 = 0$,即回归系数与零无显著差异。它意味着:当回归系数为 0 时,无论 x 取值如何变化,都不会引起 y 的线性变化,x 无法解释 y 的线性变化,它们之间不存在线性关系。检验采用 F 统计量,SPSS 将自动计算检验统计量的观测值和对应的概率 p-值,并根据 p-值做出决策。

多元线性回归方程显著性检验的假设是:$\beta_1 = \beta_2 = \cdots = \beta_k = 0$,即各个偏回归系数同时与零无显著性差异。它意味着:当偏回归系数同时为零时,无论各个 x_i 取值如何变化,都不会引起 y 的线性变化,所有 x 无法解释 y 的线性变化,y 与 x 的全体不存在线性关系。检验采用 F 统计量,F 统计量服从第一

自由度为 k、第二自由度为 $n-k-1$ 的 F 分布。SPSS 将自动计算统计量的观测值和对应的概率 p-值,依据概率 p-值做出决策。

8.4.3 回归系数的显著性检验

回归系数的显著性检验是围绕回归系数(或偏回归系数)估计值的抽样分布展开的,由此构造服从某种理论分布的检验统计量,并进行检验。

一元线性回归方程的回归系数显著性检验的原假设是:$\beta_1=0$,即回归系数与零无显著性差异。它意味着:当回归系数为 0 时,无论 x 取值如何变化都不会引起 y 的线性变化,x 无法解释 y 的线性变化,它们之间不存在线性关系。在原假设成立时,可构造 t 检验统计量。t 统计量服从 $n-2$ 个自由度的 t 分布。SPSS 将自动计算 t 统计量的观测值和对应的概率 p-值。

可以发现,在一元线性回归分析中,回归方程显著性检验和回归系数显著性检验的作用是相同的,两者可以相互替代。同时,在回归方程显著性检验中,F 统计量恰好等于回归系数显著性检验中 t 统计量的平方,即 $F=t^2$。

多元线性回归方程回归系数的显著性检验的假设是:$\beta_i=0,i=1,2,\cdots,s$。在原假设成立时,可构造 t 检验统计量,SPSS 将自动计算 t 统计量的观测值和对应的概率 p-值。

8.4.4 残差分析

所谓残差是指由回归方程所得的预测值与实际样本值之间的差距,定义为

$$e_i = y_i - \hat{y}_i = y_i - (\hat{\beta}_0 + \hat{\beta}_0 x_i + \cdots + \hat{\beta}_k x_k)$$

它是回归模型中 ε_i 的估计值,由多个 e_i 形成的序列称为残差序列。

残差分析是回归方程检验中的重要组成部分,其出发点是:如果回归方程能够较好地反映被解释变量的特征和变化规律,那么残差序列中应不包含明显的规律性和趋势性。残差分析正是基于这种考虑并围绕对上式的检验展开的,主要任务可大致归纳为:分析残差是否为服从均值为零的正态分布,分析残差是否为等方差的正态分布,分析残差序列是否独立,借助残差探测样本中的异常值等。图形分析和数值分析是残差分析的有效工具。

8.5 多元回归分析中的其他问题

在多元回归分析中,由于被解释变量会受众多因素的共同影响,需要由多个解释变量解释,于是会出现诸如此类的问题:多个变量是否都能进入线

性模型,解释变量应以怎样的策略和顺序进入方程,方程中多个解释变量之间是否存在多重共线性,等等。

8.5.1 解释变量的筛选问题

在多元线性回归分析中,模型中应引入多少解释变量是要重点研究的。如果引入的解释变量较少,回归方程将无法很好地解释说明被解释变量的变化。但是也并非引入的解释变量越多越好,因为这些变量之间可能存在多重共线性。因此,有必要采取一些策略对引入回归方程的解释变量加以控制和筛选。

在多元回归分析中,解释变量的筛选一般有向前筛选、向后筛选、逐步筛选三种基本策略。

(1)向前筛选(Forward)策略。

向前筛选策略是解释变量不断进入回归方程的过程。首先,选择与被解释变量具有高线性相关系数的变量进入方程,并进行回归方程的各种检验;然后,在剩余的变量中寻找与解释变量偏相关系数最高并通过检验的变量进入回归方程,并对新建立的回归方程进行各种检验。这个过程一直重复,直到再也没有可进入方程的变量为止。

(2)向后筛选(Backward)策略。

向后筛选策略是变量不断剔除出回归方程的过程。首先,将所有变量全部引入回归方程,并对回归方程进行各种检验;然后,在回归系数显著性检验不显著的一个或多个变量中,剔除 t 检验值最小的变量,并重新建立回归方程和进行各种检验;如果建立的回归方程中所有变量的回归系数检验都显著,则回归方程建立结束,否则按照上述方法再依次剔除最不显著的变量,直到再也没有可剔除的变量为止。

(3)逐步筛选(Stepwise)策略。

逐步筛选策略是向前筛选策略和向后筛选策略的结合。

8.5.2 变量的多重共线性问题

多重共线性是指解释变量之间存在线性相关关系的现象。测度多重共线性一般有以下方式:

(1)容忍度:

$$Tol_i = 1 - R_i^2$$

其中,R_i^2 是第 i 个解释变量与方程中其他解释变量间的复相关系数的平方,表示解释变量之间的线性相关程度。

容忍度取值范围在 0~1 之间,越接近 0 表示多重共线性越强;越接近 1 表示多重共线性越弱。SPSS 对变量多重共线性要求不是很严格,只是在容忍度值太小时给出相应的信息。

（2）方差膨胀因子。

方差膨胀因子(VIF)是容忍度的倒数。VIF 越大,多重共线性越强,VIF 的取值大于 1。其值越接近 1,说明解释变量间的多重共线性越强。当 VIF 大于等于 10 时,说明存在严重的多重共线性。

（3）特征根和方差比。

根据解释变量的相关系数矩阵求得的特征根中,如果最大的特征根远远大于其他特征根,则说明这些解释变量间具有相当多的重复信息。如果某个特征根既能够刻画某解释变量方差的较大部分比例(0.7 以上),又能刻画另一个解释变量方差的较大部分比例,则表明这两个解释变量间存在较强的线性相关关系。

（4）条件指数。

条件指数指最大特征根与第 i 个特征根比的平方根：$k_i = \sqrt{\dfrac{\lambda_m}{\lambda_i}}$。通常,当 $0 \leqslant k_i < 10$ 时,认为多重共线性较弱;当 $10 \leqslant k_i < 100$ 时,认为多重共线性较强;当 $k_i \geqslant 100$ 时,认为多重共线性很严重。

8.6 线性回归分析在教育研究中的应用

在利用 SPSS 进行线性回归分析之前,应首先将数据组织好,被解释变量和各解释变量各对应一个 SPSS 变量即可。SPSS 中一元线性回归分析和多元线性回归分析的功能菜单是集成在一起的,具体操作步骤如下：

- 先画数据散点图,观测因变量与自变量之间是否有线性关系。
- 若散点图的趋势大概呈线性关系,则可以建立线性回归模型。
- 选择菜单：分析→回归→线性。
- 选择一个变量作为因变量到"因变量"列表框中;选择变量作为自变量到"自变量"列表框中。
- 在"方法"框中选择回归分析自变量筛选策略。
- 选择一个变量作为条件变量放到"选择变量"框中,并单击"规则"给定一个判断条件,只有变量值满足给定条件才参与回归分析。

■ 在"个案标志"框中指定哪个变量作为样本数据点的标志变量,该变量的值将标在回归分析的输出图形中。

案例 8-1　数据文件"数学成绩与物理成绩.sav"中保存了某次测试的数学与物理成绩,将数学成绩作为自变量、物理成绩作为因变量进行一元线性回归分析。

(1) 画出"math"与"physics"关系的散点图,如图 8-1 所示。

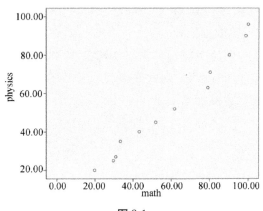

图 8-1

由图 8-1 可知,变量"math"与"physics"之间有线性关系,且正相关,可以进行线性回归分析。

(2) 进行一元线性回归分析。具体操作步骤如下:

■ 选择菜单:分析→回归→线性,打开如图 8-2 所示的对话框。

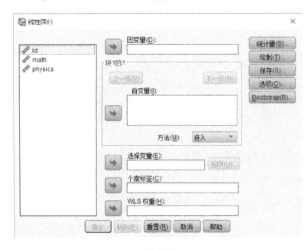

图 8-2

■ 选择"physics"作为因变量到"因变量"列表框中;选择"math"作为自变量到"自变量"列表框中。由于只有一个自变量,因此在变量进入策略上选择全部变量,即"方法"后面的列表中选择"进入",如图8-3所示。

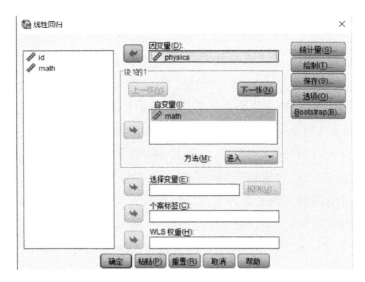

图 8-3

■ 单击"确定"按钮,完成操作,得到如表8-1、表8-2、表8-3所示的结果。

表 8-1 模型汇总

模型	R	R 方	调整 R 方	标准估计的误差
1	0.990[a]	0.979	0.977	3.927 48

注：a. 预测变量(常量),math。

表 8-2 ANOVA[b]

模型		平方和	df	均方	F	Sig.
1	回归	7 318.416	1	7 318.416	474.449	0.000[a]
	残差	154.251	10	15.425		
	总计	7 472.667	11			

注：a. 预测变量(常量),math; b. 因变量,physics。

表 8-3 系数[a]

模型		非标准化系数		标准系数	t	Sig.
		B	标准误差	试用版		
1	(常量)	0.364	2.697		0.135	0.895
	math	0.890	0.041	0.990	21.782	0.000

注：a. 因变量,physics。

结果分析:

(1) 表 8-1 给出的是模型的拟合优度检验的结果。由表 8-1 可知判定系数 R 方 $= 0.979$,说明模型的拟合效果非常好。

(2) 表 8-2 给出的是回归方程的显著性检验的结果。回归方程的显著性检验采用的是方差分析的方法,使用 F 检验统计量。由表 8-2 可知 p-值(Sig.)近似为 0,若显著性水平为 0.05,则拒绝原假设,即回归系数不全为 0,"math" 与 "physics" 之间有显著的线性关系。

(3) 表 8-3 给出的是回归系数的显著性检验的结果,同时给出了回归系数。表格的第三列为回归系数,其中 0.364 为常量,0.890 为自变量 "math" 的系数。第五列为标准化回归系数,它是将自变量和因变量都标准化以后再进行线性回归分析后得到的。本例中的数据没有量级上的差别,所以在给出回归方程时,直接用第三列的回归系数。我们看到变量 "math" 的回归系数的显著性检验的 p-值(Sig.)近似为 0,若显著性水平为 0.05,则拒绝原假设,即回归系数不为 0,"math" 与 "physics" 之间有显著的线性关系。

(4) 由表 8-3 的第三列可以得到本例的回归方程为

$$physics = 0.364 + 0.890 math$$

案例 8-2 随机抽测 10 名女中学生的体重(x1)、胸围(x2)、胸围呼吸差(x3)、肺活量(y),数据如表 8-4 所示。

表 8-4 10 名女中学生的体重、胸围、胸围呼吸差、肺活量数据

学生号	x1	x2	x3	y
1.00	35.00	69.00	0.70	1 600.00
2.00	40.00	74.00	2.50	2 600.00
3.00	40.00	64.00	2.00	2 100.00
4.00	42.00	74.00	3.00	2 650.00
5.00	37.00	72.00	1.10	2 300.00
6.00	45.00	68.00	1.50	2 200.00
7.00	43.00	78.00	4.20	2 800.00
8.00	37.00	66.00	2.00	1 600.00
9.00	44.00	70.00	3.20	2 750.00
10.00	42.00	65.00	3.00	2 500.00

将 y 作为因变量,x1、x2、x3 作为解释变量(自变量)进行回归分析。数据保存在"女同学的肺活量.sav"中。

(1) 画出 y 分别与 x1、x2、x3 关系的散点图。

■ 选择菜单:图形→旧对话框→散点/点状,打开对话框。在对话框中选择"重叠分布",接着单击"定义"按钮,打开"重叠散点图"对话框,如图 8-4 所示。

图 8-4

■ 将变量成对选择到"Y - X 对"列表框中,如图 8-5 所示。

图 8-5

- 单击"确定"按钮,完成操作,得到如图 8-6 所示的散点图。

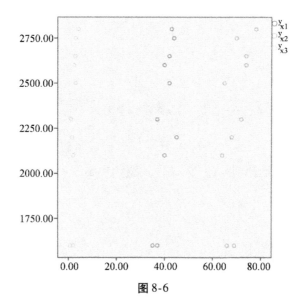

图 8-6

由图 8-6 可知,变量 y 分别与 x1、x2、x3 之间有线性关系,且正相关。可以进行多元线性回归分析。

■ 选择菜单：分析→回归→线性,打开"线性回归"对话框,其中各部分的设置如图 8-7 所示。注意到"方法"部分选择"逐步"。

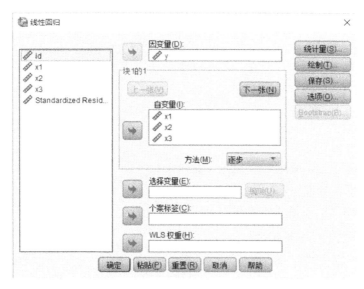

图 8-7

■ 单击"统计量"按钮,打开"线性回归:统计量"对话框,对话框的设置如图 8-8 所示。其中,在"回归系数"框中选择"估计",用于得到回归系数的估计值及检验;"模型拟合度"用于对模型进行拟合优度检验;"共线性诊断"用于判断自变量之间是否有多重共线性;在"残差"框中选择"Durbin-Watson(U)",用于检验残差序列是否存在自相关现象,检验统计量,记作 DW。

图 8-8

■ 单击"继续"按钮回到上一级对话框。单击"绘制"按钮打开"线性回归:图"对话框,对话框的设置如图 8-9 所示。其中"ZPRED"为标准化预测值;"ZRESID"为标准化残差。这一步是画出标准化残差图。

图 8-9

■ 单击"继续"按钮回到上一级对话框。单击"保存"按钮打开"线性回归:保存"对话框,对话框的设置如图 8-10 所示。其中"距离"框中的"Cook 距离"和"杠杆值"用于探测被解释变量(因变量)中的异常值;"残差"框中的"标准化"是标准化残差,用于残差的正态性检验。

■ 单击"继续"按钮回到上一级对话框。单击"确定"按钮完成操作。

结果分析:

(1)由表 8-5 可知模型中的解释变量只包含了 x3,其判定系数为 0.601,调整的判定系数为 0.551,回归方程的估计标准误差为 294.252 34,误差较大,综合看来,模型拟合效果一般。Durbin-Watson 检验统计量的值为 2.034,与 2 很接近,因此可以认为残差序列基本上不存在自相关。

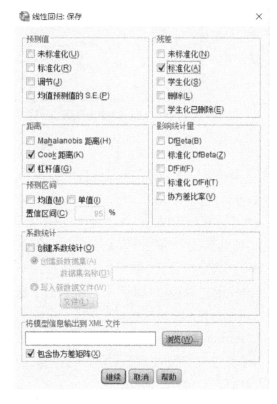

图 8-10

表 8-5　模型汇总[b]

模型	R	R方	调整R方	标准估计的误差	Durbin-Watson
1	0.775[a]	0.601	0.551	294.252 34	2.034

注：a. 预测变量（常量），x3；b. 因变量：y。

注：Durbin-Watson 检验统计量的值介于 0~4 之间，且有以下的判断标准：

当 DW=4 时，残差序列存在完全的负自相关；

当 DW∈(2,4)时，残差序列存在负自相关；

当 DW=2 时，残差序列无自相关；

当 DW∈(0,2)时，残差序列存在正自相关；

当 DW=0 时，残差序列存在完全的正自相关。

（2）表 8-6 是回归方程的显著性检验。检验的 p-值（Sig.）为 0.008，在显著性水平为 0.05 时拒绝原假设，认为回归方程中偏回归系数不全为 0。

表 8-6　ANOVA[b]

模型		平方和	df	均方	F	Sig.
1	回归	1 041 324.493	1	1 041 324.493	12.027	0.008[a]
	残差	692 675.507	8	86 584.438		
	总计	1 734 000.000	9			

注：a. 预测变量（常量），x3；b. 因变量：y。

（3）表 8-7 是回归系数的显著性检验，同时给出了方程中解释变量的容忍度（容差）和方差膨胀因子（VIF）。从表中可以看出，回归系数的显著性检验的 p-值（Sig.）为 0.008，在显著性水平为 0.05 时拒绝原假设，认为回归方程中偏回归系数不为 0。由于方程中只有一个自变量，所以容忍度与 VIF 均为 1.0，即 x3 与其他因变量无多重共线性。

注：（1）自变量的容忍度的取值范围在 0~1 之间，越接近 0，表示该多重自变量与其他自变量间的共线性越强；越接近 1，表示多重共线性越弱。

（2）自变量的 VIF 是容忍度的倒数，取值大于等于 1。VIF 越大，该自变量与其他自变量间的多重共线性越强。当 VIF 大于 10 时，就认为该自变量与其他自变量间有严重的多重共线性；VIF 越小，该自变量与其他自变量间的多重共线性越弱。

表 8-7　系数[a]

模型		非标准化系数		标准系数	t	Sig.	共线性统计量	
		B	标准误差	试用版			容差	VIF
1	(常量)	1 570.749	232.591		6.753	0.000		
	x3	318.643	91.882	0.775	3.468	0.008	1.000	1.000

注：a. 因变量：y。

（4）表 8-8 中给出的是已经排除的变量以及相关的检验。不难发现，如果将 x1 及 x2 都放入方程中，回归系数的显著性检验都没有通过。

表 8-8　已排除的变量[b]

模型		Beta In	t	Sig.	偏相关	共线性统计量		
						容差	VIF	最小容差
1	x1	0.382[a]	1.379	0.210	0.462	0.584	1.712	0.584
	x2	0.309[a]	1.290	0.238	0.438	0.805	1.243	0.805

注：a. 模型中的预测变量(常量)，x3；b. 因变量：y。

（5）表 8-9 是多重共线性的特征值以及条件指数。对于得到的模型，最大特征值为 1.916，另一个则快速减小。第四列的条件指数均不大，可以认为自变量之间没有多重共线性。

注：条件指数的取值大于等于 0。

当条件指数在区间 [0,30) 上时，该自变量与方程中的其他自变量多重共线性较弱；

当条件指数在区间 [30,100) 上时，该自变量与方程中的其他自变量多重共线性较强；

当条件指数大于等于 100 时，该自变量与方程中的其他自变量有严重的多重共线性。

表 8-9　共线性诊断[a]

模型	维数	特征值	条件指数	方差比例	
				(常量)	x3
1	1	1.916	1.000	0.04	0.04
	2	0.084	4.790	0.96	0.96

a. 因变量：y。

（6）图 8-11 是标准化残差的正态 P–P 图,图 8-12 为标准化残差的直方图同时画出了正态分布曲线。可以看到,散点基本上在基准线附近,说明基本上服从正态分布。图 8-13 是残差散点图,可以发现,散点基本上随机分布在基准线 0 的两侧,无异方差情形。

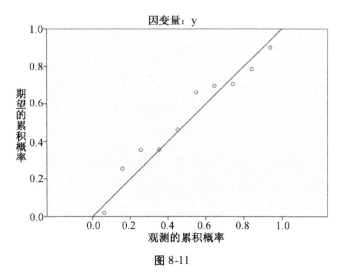

图 8-11

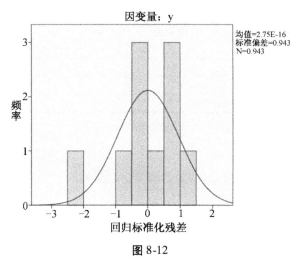

图 8-12

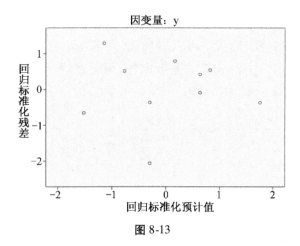

图 8-13

（7）对标准化残差做单样本的 K－S 检验，得到如表 8-10 所示的结果。结果表明，标准化残差序列是均值为 0、标准差为 1 的正态随机序列。

表 8-10　单样本 Kolmogorov-Smirnov 检验

		Standardized Residual
N		10
正态参数[a,b]	均值	0.000 000 0
	标准差	0.942 809 04
最极端差别	绝对值	0.172
	正	0.101
	负	－0.172
Kolmogorov-Smirnov Z		0.543
渐近显著性（双侧）		0.930

注：a. 检验分布为正态分布；b. 根据数据计算得到。

最终的回归方程为

$$y = 1\,570.749 + 318.643x^3$$

8.7　曲线估计在教育研究中的应用

在变量间的相关关系的分析中，变量之间的关系并不总是表现出线性关系，非线性关系也是极为常见的，可通过绘制散点图的方式粗略考察这种非线性关系。对于非线性关系通常无法直接通过线性回归来分析，无法直接建立线性模型。

变量之间的非线性关系可以划分为本质线性关系和本质非线性关系。所谓本质线性关系是指变量关系形式上虽然呈非线性关系（如二次曲线），但可通过变量变换化为线性关系,并可最终进行线性回归分析建立线性模型。本质非线性关系是指变量关系不仅形式上是非线性的,而且也无法通过变量变换化为线性关系,最终无法进行线性回归分析建立线性模型。

本节的曲线估计是解决本质线性关系问题的。SPSS 中常见的本质线性模型如表 8-11 所示。

表 8-11 常见的本质线性模型

模型名	回归方程	变量变换后的线性方程
二次曲线（Quadratic）	$y = \beta_0 + \beta_1 x + \beta_2 x^2$	$y = \beta_0 + \beta_1 x + \beta_2 x_1, x_1 = x^2$
复合曲线（Compound）	$y = \beta_0 \beta_1^x$	$\ln y = \ln(\beta_0) + \ln(\beta_1)$
增长曲线（Grouth）	$y = e^{\beta_0 + \beta_1 x}$	$\ln y = \beta_0 + \beta_1 x$
对数曲线（Logarithmic）	$y = \beta_0 + \beta_1 \ln(x)$	$y = \beta_0 + \beta_1 x_1, x_1 = \ln(x)$
三次曲线（Cubic）	$y = \beta_0 + \beta_1 x + \beta_2 x^2 + \beta_3 x^3$	$y = \beta_0 + \beta_1 x + \beta_2 x_1 + \beta_3 x_2,$ $x_1 = x^2, x_2 = x^3$
S 曲线（S）	$y = e^{\beta_0 + \frac{\beta_1}{x}}$	$\ln y = \beta_0 + \beta_1 x_1, x_1 = \frac{1}{x}$
指数曲线（Exponential）	$y = \beta_0 e^{\beta_1 x}$	$\ln y = \ln(\beta_0) + \beta_1 x_1$
逆函数（Inverse）	$y = \beta_0 + \frac{\beta_1}{x}$	$y = \beta_0 + \beta_1 x_1, x_1 = \frac{1}{x}$
幂函数（Power）	$y = \beta_0 x^{\beta_1}$	$\ln y = \ln(\beta_0) + \beta_1 x_1, x_1 = \ln x$
逻辑函数（Logistic）	$y = \dfrac{1}{\dfrac{1}{\mu} + \beta_0 e^{\beta_1 x}}$	$\ln\left(\dfrac{1}{y} - \dfrac{1}{\mu}\right) = \ln(\beta_0) + \ln(\beta_1) x$

SPSS 曲线估计中,首先,在不能明确究竟哪种模型更接近样本数据时可在上述多种可选择的模型中选择几种模型;然后,SPSS 自动完成模型的参数估计,并输出回归方程显著性检验的 F 值和概率 p-值,判定系数 R^2 等统计量;最后,以判定系数为主要依据选择其中的最优模型,并进行预测分析。另外,SPSS 曲线估计还可以时间为解释变量实现时间序列的简单回归分析和趋势外推分析。

案例 8-3 "年人均消费性支出和教育.sav"数据文件中收集了 1990—2002 年全国人均消费性支出和教育支出的数据,希望对居民家庭教育支出和消费性支出之间的关系进行研究。

（1）首先绘制教育支出和消费性支出的散点图，如图 8-14 所示。

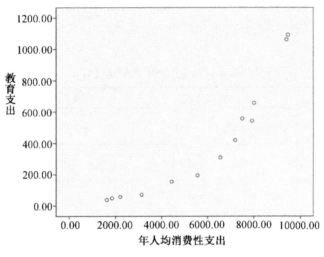

图 8-14

观察散点图，发现两变量之间呈非线性关系，可尝试选择三次曲线、指数函数和幂函数模型，利用曲线估计进行本质线性模型分析。

（2）SPSS 中曲线估计的基本操作步骤如下：

■ 选择菜单：分析→回归→曲线估计，打开"曲线估计"对话框，各部分参数的设置如图 8-15 所示。

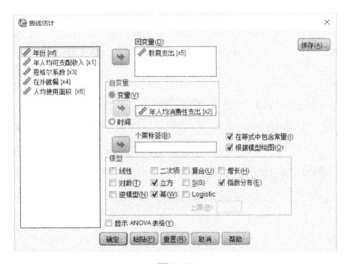

图 8-15

■ 单击"确定"按钮,完成操作,得到如表 8-12 及图 8-16 所示的结果。

表 8-12　模型汇总和参数估计值

(因变量:教育支出)

方程	模型汇总					参数估计值			
	R 方	F	$df1$	$df2$	Sig.	常数	b1	b2	b3
三次	0.994	516.461	3	9	0.000	−41.314	0.075	−1.988 E−5	2.596 E−9
幂	0.954	229.580	1	11	0.000	3.578E−5	1.846		
指数	0.995	2 086.351	1	11	0.000	20.955	0.000		

注:＊.自变量为年人均消费性支出。

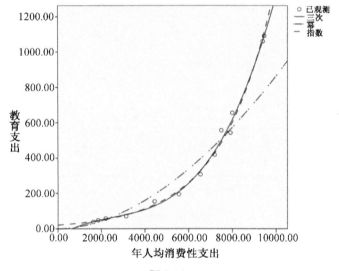

图 8-16

显然,我们应该选择指数模型,因为模型的拟合优度 R 方为 0.995,比另两个模型的拟合优度高。进一步可以做如下操作:

■ 在"曲线估计"对话框中的"模型"框中选择"指数分布";勾选"显示 ANVOA 表格"复选框,输出模型的方差分析表和各回归系数显著性检验结果,如图 8-17 所示。

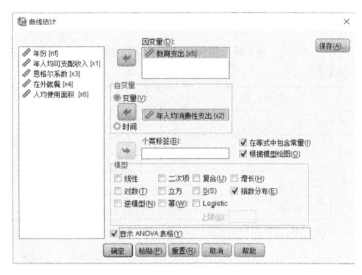

图 8-17

■ 单击"确定"按钮,完成操作,得到如表 8-13、表 8-14、表 8-15 及图 8-18 所示的结果。

表 8-13 模型汇总

R	R 方	调整 R 方	估计值的标准误差
0.997	0.995	0.994	0.090

注:*.自变量为年人均消费性支出。

表 8-14 ANOVA

	平方和	df	均方	F	Sig.
回归	16.905	1	16.905	2 086.351	0.000
残差	0.089	11	0.008		
总计	16.994	12			

注:*.自变量为年人均消费性支出。

表 8-15 系数

	未标准化系数		标准化系数	t	Sig.
	B	标准误差	Beta		
年人均消费性支出	0.000 42	0.000	0.997	45.677	0.000
(常数)	20.955	1.226		17.090	0.000

注:*.因变量为 ln(教育支出)。

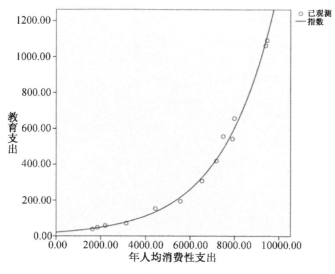

图 8-18

结果分析：

由表 8-13 可知，R 方为 0.995，拟合的效果非常好，图 8-18 也说明了这一点；由表 8-14 可知，回归方程的显著性检验的 p-值（Sig.）接近为 0，说明回归系数不全为 0；由表 8-15 可知，回归系数的显著性检验的 p-值（Sig.）也接近为 0，说明回归系数不为 0。

由此，回归方程为

$$y = 20.955 e^{0.00042x}$$

案例 8-4 对"年人均消费性支出和教育支出.sav"文件中的"教育支出"的趋势进行分析和预测。

SPSS 中的操作步骤如下：

（1）先画出"教育支出"的时间序列图。

■ 选择菜单：图形→旧对话框→线图，打开"线图"对话框。选择"简单"线图，且在"图表中的数据为"框中选择"个案值(I)"，如图 8-19 所示。

■ 单击"定义"按钮，得到新的对话框，并且将"教育支出[x5]"选择到"线的表征"框中，如图 8-20 所示。

图 8-19

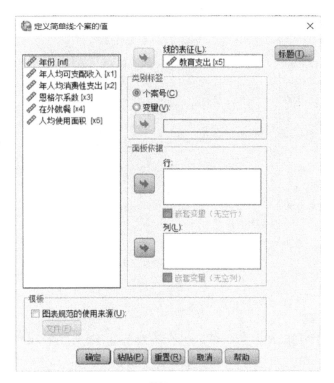

图 8-20

- 单击"确定"按钮,完成操作,得到如图 8-21 所示的序列图。

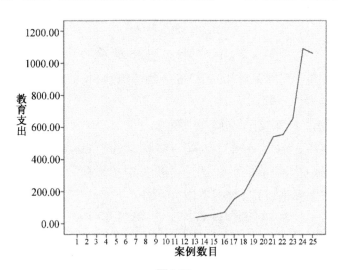

图 8-21

观察图 8-21 可知,可以选择三次曲线、幂函数曲线、指数曲线等。进行了类似于案例 8-3 的综合分析后，我们选择幂函数模型。

■ 在"曲线估计"对话框中进行如图 8-22 所示的设置。

图 8-22

■ 单击"保存"按钮，打开"曲线估计：保存"对话框，在"保存变量"框中勾选"预测值"，在"预测个案"框中选择"预测范围"单选按钮，并在其下的"观测值"文本框中输入数值"27"（表示给出 1～27 个个案的预测值），如图 8-23 所示。

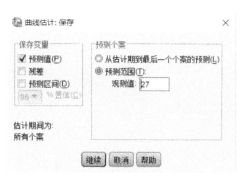

图 8-23

■ 单击"继续"按钮，回到上一级对话框，单击"确定"按钮，完成操作。分析的结果如表 8-16、表 8-17、表 8-18 及图 8-24 所示。

表 8-16 模型汇总

R	R 方	调整 R 方	估计值的标准误差
0.990	0.979	0.977	0.179

表 8-17 ANOVA

	平方和	df	均方	F	Sig.
回归	16.643	1	16.643	521.192	0.000
残差	0.351	11	0.032		
总计	16.994	12			

表 8-18 系数

	未标准化系数		标准化系数	t	Sig.
	B	标准误	Beta		
ln(个案序列)	5.587	0.245	0.990	22.830	0.000
(常数)	$1.888E-5$	0.000		1.394	0.191

注：*. 因变量为 ln(教育支出)。

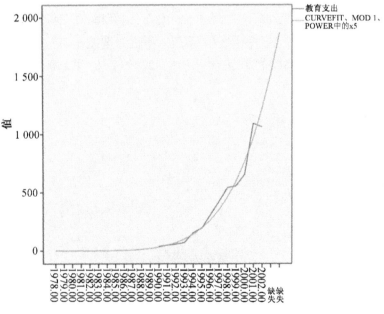

图 8-24

结果分析:

表 8-16 显示,幂函数模型的拟合优度为 0.979,比较理想。观察图 8-24 也可以得出同样的结论。表 8-18 显示,在显著性水平为 0.05 时,回归方程的显著性检验和回归系数的显著性检验均通过了检验,模型选择合理。最终的回归方程为

$$教育支出 = 0.000\ 018\ 88 t^{5.587}$$

第 9 章　因子分析在教育统计中的应用

9.1　方法概述

人们在研究实际问题时，往往希望尽可能多地收集相关变量，以期望对问题有比较全面、完整的把握和认识。

为解决这些问题，最简单和最直接的解决方案是减少变量数目，但这必然又会导致信息丢失或不完整等问题。为此，人们希望探索一种有效的解决方法，它既能减少参与数据分析的变量个数，同时也不会造成统计信息的大量浪费和丢失。

因子分析就是在尽可能不损失信息或者少损失信息的情况下，将多个变量减少为少数几个因子的方法。这几个因子可以高度概括大量数据中的信息，这样，既减少了变量个数，又同样能再现变量之间的内在联系。

9.2　基本原理

通常针对变量作因子分析，称为 R 型因子分析；另一种对样品作因子分析，称为 Q 型因子分析。这两种分析方法有许多相似之处。

R 型因子分析的数学模型是：

设原有 p 个变量 $x_1,\cdots,x_p$，且每个变量（或经标准化处理后）的均值为 0，标准差为 1。现将每个原有变量用 $k(k<p)$ 个因子 $f_1,f_2,\cdots,f_k$ 的线性组合来表示，即有：

$$\begin{cases} x_1 = \alpha_{11}f_1 + \alpha_{12}f_2 + \cdots + \alpha_{1k}f_k + \varepsilon_1, \\ x_2 = \alpha_{21}f_1 + \alpha_{22}f_2 + \cdots + \alpha_{2k}f_k + \varepsilon_2, \\ \cdots \\ x_p = \alpha_{p1}f_1 + \alpha_{p2}f_2 + \cdots + \alpha_{pk}f_k + \varepsilon_p \end{cases}$$

上式就是因子分析的数学模型，也可以用矩阵的形式表示为

$$X = AF + \varepsilon$$

其中，X 是可实测的随机向量。F 称为因子，由于它们出现在每个原有变量的线性表达式中，因此又称为公共因子。A 称为因子载荷矩阵，$\alpha_{ij}(i=1,2,\cdots,p;j=1,2,\cdots,k)$ 称为因子载荷。ε 称为特殊因子，表示了原有变量不能被因子解释的部分，其均值为 0。

因子分析的基本思想是通过对变量的相关系数矩阵内部结构的分析，从中找出少数几个能控制原始变量的随机变量 $f_i(i=1,2,\cdots,k)$。选取公共因子的原则是使其尽可能多地包含原始变量中的信息，建立模型 $X = AF + \varepsilon$，忽略 ε，以 F 代替 X，用它再现原始变量 X 的信息，达到简化变量、降低维数的目的。

9.3 因子分析的基本操作

以数据"自我效能感调查表.sav"为例，演示 SPSS 中因子分析的操作步骤。

■ 选择菜单：分析→降维→因子分析(F)，打开"因子分析"的主窗口对话框，把参与因子分析的变量选到"变量(V)"列表框中，如图 9-1 所示。

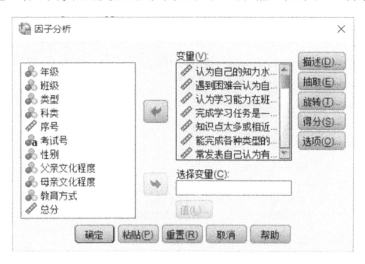

图 9-1

■ 选择参与因子分析的样本。把作为条件变量的变量指定到"选择变量(C)"框中并单击"值(L)"按钮输入变量值，只有满足条件的样本数据才参与因子分析。本例不选。

■ 在主窗口中单击"描述(D)"按钮指定输出结果。在"统计量"框中指定输出哪些基本统计量，其中"单变量描述性"表示输出各个变量的基本描述统计量;"原始分析结果"表示输出因子分析的初始解。在"相关矩阵"框中指定考察因子分析条件的方法及输出结果,其中"系数"表示输出相关系数矩阵;"显著性水平"表示输出相关系数检验的概率 p-值;"行列式"表示输出变量相关系数矩阵的行列式值;"逆模型"表示输出相关系数矩阵的逆矩阵;"反映象"表示输出反映象相关矩阵;"KMO 和 Bartlett 的球形度检验"表示进行巴特利特球度检验和 KMO 检验。本例的各项选择如图 9-2 所示。

图 9-2

■ 在主窗口中单击"抽取(E)"按钮指定提取因子的方法。在"方法(M)"框中提供了多种提取因子的方法,其中"主成分"是主成分分析法,是 SPSS 默认的方法。在"分析"框中指定提取因子的依据,系统默认的是"相关性矩阵",当原有变量存在数量级的差异时,通常选择该选项。在"抽取"框中选择如何确定因子数目:在"特征值大于(A)"后输入一个特征根值(默认值为 1),SPSS 将提取大于该值的特征根;也可在"要提取的因子(T)"框后输入提取因子的个数。在"输出"框中选择输出哪些与因子提取有关的信息,其中"未旋转的因子解"表示输出未旋转的因子载荷矩阵;"碎石图"表示输出因子的碎石图。本例的设置如图 9-3 所示。

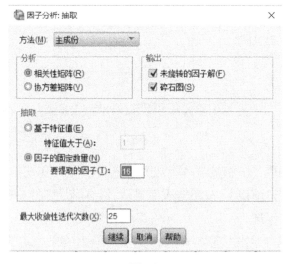

图 9-3

■ 在主窗口中单击"旋转(T)"按钮选择因子旋转方法。在"方法"框中选择因子旋转方法,其中"最大方差法"是常用的方法。在"输出"框中指定输出与因子旋转相关的信息,其中"旋转解"表示输出旋转后的因子载荷矩阵 B;"载荷图"表示输出旋转后的因子载荷散点图。本例的设置如图 9-4 所示。

■ 在主窗口中单击"得分(S)"按钮选择计算因子得分的方法。选中"保存为变量"表示将因子得分保存到 $SPSS$ 变量中,生成几个因子便产生几个 $SPSS$ 变量。变量名的形式为 $FACn\_m$,其中 n 为因子编号,以数字序号的形式表示;m 表示是第几次分析的结果。本例的设置如图 9-5 所示。

操作完成后,在输出窗口及数据视图中有相应的分析结果。

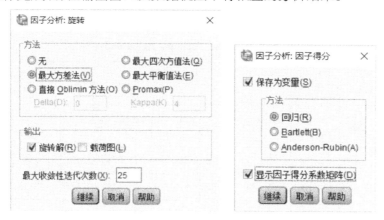

图 9-4   图 9-5

结果分析:

(1) 变量的相关性检验。

变量之间是否存在一定的线性关系,是能否采用因子分析的前提,为此,借助于 Bartlett 的球形度检验和 KMO 检验方法进行分析。分析的结果如表 9-1 所示。

表 9-1　KMO and Bartlett's Test

Kaiser-Meyer-Olkin Measure of Sampling Adequacy		0.833
Bartlett's Test of Sphericity	Approx Chi-Square	3 379.136
	df	595
	Sig.	0.000

由表 9-1 可知 KMO 的值为 0.833,根据 Kasie 给出的 KMO 度量标准可知原有变量适合进行因子分析。另一方面,Bartlett 的球形度检验的 p-值(Sig.)接近于零,在显著性水平为 0.01 时仍然可以拒绝原假设,认为相关系数矩阵与单位矩阵有显著差异,原有变量适合进行因子分析。

(2) 因子的提取。

如果在特征根大于 1 的条件下提取因子,则此时的方差累积贡献率不超过 60%,因子代表原变量的信息较少。指定提出 16 个因子:$f_1, f_2, \cdots, f_{16}$,因子的方差累积贡献率为 71.368%,基本代表了原变量的大部分信息。SPSS 计算的结果如表 9-2 所示(在原表中截取了所需的部分)。图 9-6 为因子的碎石图。

表 9-2 Total Variance Explained

Component	Initial Eigenvalues			Extraction Sums of Squared Loadings			Rotation Sums of Squared Loadings		
	Total	% of Variance	Cumulative %	Total	% of Variance	Cumulative %	Total	% of Variance	Cumulative %
1	6.165	17.614	17.614	6.165	17.614	17.614	2.892	8.263	8.263
2	2.806	8.018	25.632	2.806	8.018	25.632	1.986	5.673	13.937
3	2.049	5.855	31.487	2.049	5.855	31.487	1.837	5.248	19.185
4	1.747	4.992	36.479	1.747	4.992	36.479	1.803	5.151	24.336
5	1.448	4.136	40.615	1.448	4.136	40.615	1.650	4.715	29.050
6	1.225	3.501	44.116	1.225	3.501	44.116	1.613	4.609	33.660
7	1.159	3.311	47.427	1.159	3.311	47.427	1.605	4.586	38.246
8	1.133	3.237	50.664	1.133	3.237	50.664	1.540	4.399	42.645
9	1.078	3.079	53.743	1.078	3.079	53.743	1.508	4.309	46.954
10	1.015	2.899	56.642	1.015	2.899	56.642	1.398	3.993	50.947
11	0.978	2.794	59.436	0.978	2.794	59.436	1.361	3.888	54.835
12	0.918	2.622	62.058	0.918	2.622	62.058	1.209	3.453	58.288
13	0.850	2.427	64.485	0.850	2.427	64.485	1.166	3.331	61.619
14	0.837	2.392	66.877	0.837	2.392	66.877	1.142	3.262	64.880

续表

Component	Initial Eigenvalues			Extraction Sums of Squared Loadings			Rotation Sums of Squared Loadings		
	Total	% of Variance	Cumulative %	Total	% of Variance	Cumulative %	Total	% of Variance	Cumulative %
15	0.809	2.312	69.190	0.809	2.312	69.190	1.138	3.251	68.132
16	0.762	2.178	71.368	0.762	2.178	71.368	1.133	3.236	71.368

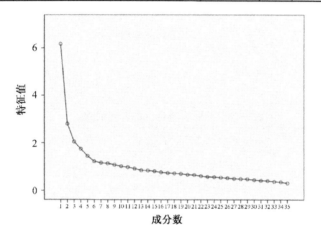

图 9-6

（3）因子的命名解释。

由于篇幅的限制，本节不再给出分析的表格，将会直接叙述结果。对于新得到的 16 个因子分别代表了原变量中的哪些变量，每个因子的意义，根据旋转后的因子载荷矩阵给出解释，见表 9-3，其中，因子载荷矩阵的旋转是基于方差最大化的方法。

表 9-3 因子及其命名解释

因子	原变量的序号	因子的命名解释
1	21、23、32、33	个人的能力方面：记忆能力、探究能力、能找到有效的学习方法、寻找更好的方法以及充分挖掘条件
2	24、25、26	教师对学生的态度方面：关心、鼓励、引导学生思考
3	1、2、3	学生对自己学习数学方面的能力的评价：智力水平、遇到困难时的情绪及在班级的位置

续表

因子	原变量的序号	因子的命名解释
4	14、15	学生对教师批评所持的态度及在学校里的学习数学的努力程度
5	34、35	学生对自己下一次考试能考好的自信心及超过其他同学的自信心的评价
6	29、30	学生对自己的成绩和遇到新题时自信心的评价
7	11、12	学生对学校的氛围看法与喜欢所在学校的程度
8	7、8	学生对自己的表达意见方面的评价：是否常表达自己的意见及能否说服别人
9	16、17	能不能迅速地找出图形各部分之间的联系、会不会做不出答案方面的评价
10	19	做完数学习题后的自信心方面的评价
11	4	学生对自己能否轻松完成学习任务的评价
12	20	学生对自己能否自主学习方面的评价
13	9、18	是否善于将所学的内容概括成知识系统及作业太多时处理方式的评价
14	31	与其他同学相比时,学习数学方面自信心的评价
15	27	父母对没有考好时的态度
16	28	父母对做错事的态度

（4）因子得分及自我效能感的综合得分。

利用 SPSS 计算得到因子得分矩阵,见表 9-4。根据因子得分矩阵及(3)式可以计算因子得分 $f_1, f_2, \cdots, f_{16}$（因子得分见数据视图）。进一步地,以因子的方差贡献率作为权重,计算学生的自我效能感的综合得分,综合得分的计算公式为

$$D = \frac{1}{71.368}(8.263f_1 + 5.673f_2 + 5.248f_3 + 5.151f_4 + 4.715f_5 \\ + 4.609f_6 + 4.586f_7 + 4.399f_8 + 4.309f_9 + 3.993f_{10} + 3.888f_{11} \\ + 3.453f_{12} + 3.331f_{13} + 3.262f_{14} + 3.251f_{15} + 3.236f_{16})$$

表 9-4 Component Score Coefficient Matrix

	Component															
	1	2	3	4	5	6	7	8	9	10	11	12	13	14	15	16
认为自己的知识水平较高	−0.049	−0.027	0.558	−0.047	0.044	−0.033	−0.018	−0.082	−0.080	−0.157	0.074	−0.094	0.032	−0.036	−0.086	0.038
遇到困难会认为自己数学学习不行	−0.102	−0.045	0.436	−0.020	0.067	−0.082	0.051	0.119	−0.020	0.107	−0.210	0.107	0.094	−0.193	0.043	0.051
认为学习能力在班级前列	0.069	0.033	0.360	0.101	−0.044	0.011	−0.047	−0.035	−0.045	−0.022	0.011	−0.242	−0.130	−0.065	0.098	−0.026
完成学习任务是一件轻松的事	−0.116	−0.063	−0.039	−0.032	0.068	−0.019	0.065	−0.089	0.015	0.085	0.755	−0.003	−0.014	−0.025	−0.098	0.050
知识点太多或相近会混淆	−0.092	−0.063	0.151	−0.005	−0.220	0.031	0.038	−0.054	0.067	0.187	−0.156	0.194	−0.008	0.442	−0.181	0.154
能完成各种类型的数学题	0.025	0.051	0.049	−0.169	0.040	−0.018	−0.041	0.099	0.003	−0.075	0.244	−0.106	0.040	0.158	0.164	−0.081
常发表自己认为有道理的意见	−0.125	0.074	−0.030	−0.117	0.095	0.055	−0.004	0.509	−0.114	0.098	−0.022	0.174	0.013	−0.183	−0.060	−0.077
能很好地表达自己的意见并能说服别人	−0.021	−0.120	0.026	0.034	−0.209	−0.044	0.149	0.625	0.055	−0.127	−0.100	−0.125	−0.132	0.206	0.020	0.197
作业多时会抄袭或不做	−0.020	0.002	−0.012	0.072	−0.017	−0.024	0.006	−0.146	−0.013	0.114	−0.033	−0.149	0.681	−0.004	0.035	−0.109

续表

	Component															
	1	2	3	4	5	6	7	8	9	10	11	12	13	14	15	16
上课时开小差不能认真听讲	0.042	-0.100	0.157	0.106	-0.327	-0.238	0.217	-0.131	-0.097	0.192	0.185	0.200	-0.069	0.033	0.161	-0.072
想去另外的学校学习	-0.017	-0.021	-0.083	0.005	0.019	-0.025	0.482	0.085	0.000	0.082	0.087	0.011	-0.192	-0.023	0.044	-0.024
觉得学校死气沉沉	0.029	-0.055	0.058	-0.117	0.059	0.120	0.573	0.049	-0.023	-0.245	-0.026	-0.088	0.174	-0.060	-0.133	0.011
解题时会不断尝试直到完成为止	-0.004	-0.011	-0.024	0.218	0.084	-0.150	-0.146	0.164	0.087	0.341	-0.028	-0.195	0.084	-0.116	0.051	-0.214
老师批评时会尽快改正	0.044	-0.009	-0.011	0.419	-0.134	0.127	-0.025	-0.077	-0.056	-0.145	-0.133	-0.178	0.137	0.137	-0.137	0.329
在学校里能做到努力学习数学	-0.137	0.013	0.062	0.498	-0.041	-0.008	-0.006	-0.061	-0.025	-0.021	0.056	0.144	-0.088	-0.062	-0.051	-0.120
不能迅速找出图形各部分之间的联系	-0.117	0.057	-0.065	0.124	0.003	0.051	-0.123	-0.056	0.645	-0.139	0.156	-0.054	-0.041	-0.173	-0.014	0.022
经常会遇到做不出答案的数学题目	0.030	0.006	-0.082	-0.176	0.120	-0.088	0.092	0.041	0.506	0.002	-0.118	0.009	-0.030	0.099	-0.005	-0.068
善于将所学的内容概括成知识系统	-0.036	-0.052	0.012	-0.140	-0.067	0.004	-0.054	0.125	-0.073	-0.210	0.136	0.160	0.537	0.069	-0.087	0.141

续表

	Component															
	1	2	3	4	5	6	7	8	9	10	11	12	13	14	15	16
心里没底,经常和同学对答案	-0.045	0.035	-0.086	-0.105	0.018	0.160	-0.048	-0.048	-0.093	0.570	0.078	-0.074	0.026	0.045	-0.103	0.179
能自主学习	-0.001	-0.007	-0.110	0.002	0.042	0.031	-0.062	-0.024	0.004	-0.082	-0.040	0.710	-0.059	0.021	0.054	0.009
记忆能力,探究能力比较强	0.234	-0.005	0.066	0.008	-0.018	-0.032	-0.058	-0.045	0.023	-0.144	0.051	0.006	0.012	-0.148	0.109	-0.079
碰到不懂的会认真钻研并最终解决这个问题	0.102	-0.030	-0.163	0.272	0.011	0.072	-0.028	0.133	0.051	0.087	-0.090	0.062	-0.031	-0.126	0.063	-0.123
能找到有效的学习方法学好数学	0.226	0.012	-0.072	0.078	-0.090	0.119	0.052	-0.059	-0.051	-0.098	0.067	-0.003	-0.104	0.004	0.020	-0.048
老师很喜欢我,对我的学习非常关心	-0.040	0.363	-0.010	-0.014	-0.016	-0.027	0.031	-0.045	-0.024	0.066	0.023	0.197	-0.170	-0.061	-0.112	-0.035
老师经常让我回答问题,引导思考问题	-0.032	0.454	-0.038	0.019	-0.132	-0.077	-0.092	-0.127	0.075	0.065	0.081	-0.092	-0.070	0.079	-0.033	0.060
数学学习中出现困难,老师会鼓励	-0.106	0.490	-0.031	-0.011	0.067	0.041	-0.063	0.083	0.003	-0.103	-0.184	-0.103	0.153	-0.034	0.179	-0.043

续表

	1	2	3	4	5	6	7	8	9	10	11	12	13	14	15	16
							Component									
数学考试考没考好,父母会很生气	0.007	0.040	−0.018	−0.081	0.006	0.053	−0.047	0.039	−0.022	−0.091	−0.044	0.042	0.009	0.017	0.826	0.024
做错了事情父母会和平交谈	−0.004	0.004	0.043	−0.063	−0.018	−0.041	−0.025	0.040	−0.012	0.094	0.049	0.044	−0.068	−0.061	0.045	0.764
害怕发成绩单,感觉自己没考好	−0.026	−0.045	−0.064	0.059	0.080	0.573	0.014	−0.003	−0.123	0.044	−0.004	−0.112	−0.032	0.010	0.098	−0.093
碰到新的题型感觉没有把握	−0.058	−0.005	−0.056	−0.007	−0.027	0.485	0.030	0.000	0.098	−0.084	−0.067	0.140	0.015	0.028	−0.082	0.104
相信有能力学好数学	−0.082	0.054	−0.128	−0.032	0.102	0.048	−0.082	0.008	−0.056	−0.020	0.044	0.004	0.032	0.735	0.050	−0.107
解题时会想更好的办法	0.443	−0.092	−0.062	−0.135	0.005	−0.115	−0.012	−0.041	−0.138	0.098	−0.159	−0.039	0.058	0.022	−0.013	0.015
充分挖掘隐含条件,寻求合理解题步骤	0.485	−0.111	−0.072	−0.069	0.139	−0.027	0.080	−0.134	0.040	−0.059	−0.196	−0.035	−0.062	−0.081	−0.093	0.156
相信下次一定能考好	−0.068	0.042	0.049	−0.043	0.480	0.085	0.042	−0.083	−0.084	−0.013	0.077	0.074	−0.008	−0.064	−0.071	−0.017
相信学习成绩可以超过比自己好的同学	0.114	−0.149	−0.008	−0.095	0.456	−0.100	0.029	−0.052	0.139	0.009	0.042	−0.017	−0.082	0.067	0.045	0.000

第 10 章 聚类分析在教育研究中的应用

10.1 聚类分析的基本原理

10.1.1 方法概述

聚类分析是统计学中研究"物以类聚"问题的多元统计分析方法。数据根据其诸多特征,它能够将一批样本(或变量),按照在性质上的亲疏程度(各变量取值上的总体差异程度),在没有先验知识(没有事先指定的分类标准)的情况下进行自动分类,产生多个分类结果。

类内部的个体在特征上具有相似性,不同类之间个体特征的差异性较大。例如,学校里有些同学经常在一起,关系比较密切,而他们与另一些同学却很少来往,关系比较疏远。究其原因是,经常在一起的同学的家庭情况、性格、学习成绩、课余爱好等方面有许多共同之处,而关系比较疏远的同学在这些方面有较大的差异性。为了研究家庭情况、性格、学习成绩、课余爱好等是否会成为划分学生小群体的主要决定因素,可以从这些方面的数据入手,进行客观分组,然后比较所得的分组是否与实际相吻合。对学生的客观分组就可采用聚类分析方法。

10.1.2 聚类分析的分类

根据分类对象的不同可分为样品聚类和变量聚类。

(1) 样品聚类。

样品聚类在统计学中又称为 Q 型聚类。用 SPSS 的术语来说就是对事件(Cases)进行聚类,或是说对观测量进行聚类。它是根据被观测的对象的各种特征,即对反映被观测对象的特征的各变量值进行分类。

(2) 变量聚类。

变量聚类在统计学中又称为 R 型聚类。反映同一事物特点的变量有很多,我们往往根据所研究的问题选择部分变量对事物的某一方面进行研究。由于人类对客观事物的认识是有限的,往往难以找出彼此独立的、有代表性的变量,而影响对问题的进一步认识和研究。例如,在回归分析中,由于自变量的共线性导致偏回归系数不能真正反映自变量对因变量的影响等。因此往往先要进行变量聚类,找出彼此独立且有代表性的自变量,而又不丢失大部分信息。

值得提出的是,将聚类分析和其他方法联合起来使用,如判别分析、主成分分析、回归分析等,往往效果更好。

10.1.3 距离和相似系数

为了将样品(或指标)进行分类,就需要研究样品之间的关系。目前用的最多的方法有两个:一种方法是用相似系数,性质越接近的样品,它们的相似系数的绝对值越接近1,而彼此无关的样品,它们的相似系数的绝对值越接近于0。比较相似的样品归为一类,不怎么相似的样品归为不同的类。另一种方法是将一个样品看作 p 维空间的一个点,并在空间定义距离,距离越近的点归为一类,距离较远的点归为不同的类。但相似系数和距离有各种各样的定义,而这些定义与变量的类型关系极大。

常用的距离和相似系数的定义如下:

(1) 距离。

如果把 n 个样品(X 中的 n 个行)看成 p 维空间中的 n 个点,则两个样品间相似程度可用 p 维空间中两点的距离来度量。令 d_{ij} 表示样品 x_i 与 x_j 之间的距离。常用的距离有:

① 明氏(Minkowski)距离。

$$d_{ij}(q) = \left(\sum_{a=1}^{p} |x_{ia} - x_{ja}|^q \right)^{\frac{1}{q}}$$

当 $q = 1$ 时,$d_{ij}(1) = \max\limits_{1 \leq a \leq p} |x_{ia} - x_{ja}|$,即绝对距离;

当 $q = 2$ 时,$d_{ij}(2) = \left[\sum (x_{ia} - x_{ja})^2 \right]^{\frac{1}{2}}$,即欧氏距离;

当 $q = \infty$ 时,$d_{ij}(\infty) = \sum\limits_{a=1}^{p} |x_{ia} - x_{ja}|$,即切比雪夫距离。

② 马氏(Mahalanobis)距离。

$$d^2(M) = (x_i - x_j)' \Sigma^{-1} (x_i - x_j)$$

其中 Σ 表示指标的协方差阵,即

$$\Sigma = (\sigma_{ij})_{p \times p},$$

$$\sigma_{ij} = \frac{1}{n-1} \sum_{a=1}^{n} (x_{ai} - \bar{x}_i)(x_{aj} - \bar{x}_j), i,j = 1,2,\cdots,n,$$

$$\bar{x}_i = \frac{1}{n}\sum_{a=1}^{n} x_{ai}, \bar{x}_j = \frac{1}{n}\sum_{a=1}^{n} x_{aj}$$

马氏距离既排除了各指标之间相关性的干扰,而且还不受各指标量纲的影响。除此之外,它还有一些优点,如可以证明:将原数据作一线性交换后,马氏距离仍不变等。

③ 兰氏(Canberra)距离。

它是由 Lance 和 Williams 最早提出的,故称兰氏距离。

$$d_{ij}(L) = \frac{1}{p}\sum_{a=1}^{p} \frac{|x_{ia} - x_{ja}|}{x_{ia} + x_{ja}}, i,j = 1,2,\cdots,n$$

这个距离有助于克服各指标之间量纲的影响,但没有考虑指标之间的相关性。

另外,计数变量个体间距离用的是卡方(Chi-Square measure)距离或 Phi 方(Phi-Square measure)距离;二值(Binary)变量个体间距离用的是简单匹配系数(Simple Matching)或 Jaccard 系数,这里不再列出其计算公式。

(2) 相似系数。

研究样品之间的关系,除了用距离表示外,还有相似系数。顾名思义,相似系数是描写样品之间相似程度的一个量,常用的相似系数有:

① 夹角余弦。

将任何两个样品 X_i 与 X_j 看成 p 维空间的两个向量,这两个向量的夹角余弦用 $\cos\theta_{ij}$ 表示,则

$$\cos\theta_{ij} = \frac{\sum_{a=1}^{p} x_{ia} x_{ja}}{\sqrt{\sum_{a=1}^{p} x_{ia}^2 \cdot \sum_{a=1}^{p} x_{ja}^2}}, 0 \leqslant \cos\theta_{ij} \leqslant 1$$

当 $\cos\theta_{ij} = 1$ 时,说明两个样品 X_i 与 X_j 完全相似;当 $\cos\theta_{ij}$ 接近 1 时,说明 X_i 与 X_j 相似密切;当 $\cos\theta_{ij} = 0$ 时,说明 X_i 与 X_j 完全不一样;当 $\cos\theta_{ij}$ 接近 0 时,说明 X_i 与 X_j 差别大。

② 相关系数。

通常所说的相关系数,一般指变量间的相关系数,作为刻画样品间的相似关系也可类似地给出定义,即第 i 个样品与第 j 个样品之间的相关系数定义为

$$r_{ij} = \frac{\sum (x_{ia} - \bar{x}_i)(x_{ja} - \bar{x}_j)}{\sqrt{\sum_{a=1}^{p}(x_{ia}-\bar{x}_i)^2 \cdot \sum_{a=1}^{p}(x_{ja}-\bar{x}_j)^2}}, |r_{ij}| \leq 1$$

其中 $\bar{x}_i = \frac{1}{p}\sum_{a=1}^{p} x_{ia}, \bar{x}_j = \frac{1}{p}\sum_{a=1}^{p} x_{ja}$。

聚类分析内容非常丰富，本节主要介绍使用较多的快速聚类法和系统聚类法。

注：关于聚类分析的几点说明：

（1）所选择的变量应符合聚类的要求：所选变量应能够从不同的侧面反映我们研究的目的。

（2）各变量的变量值不应有数量级上的差异（对数据进行标准化处理）：聚类分析是以各种距离来度量个体间的亲疏程度的，从上述各种距离的定义看，数量级将对距离产生较大的影响，并影响最终的聚类结果。

（3）各变量间不应有较强的线性相关关系。

10.2 层次聚类

10.2.1 层次聚类的两种类型和两种方式

层次聚类又称为系统聚类，简单地讲，是指聚类过程是按照一定层次进行的。层次聚类有两种类型，分别是 Q 型聚类和 R 型聚类；层次聚类的聚类方式有两种，分别是凝聚方式聚类和分解方式聚类。

（1）层次聚类的两种类型。

① Q 型聚类：对样本进行聚类，使具有相似特征的样本聚集在一起，差异性大的样本分离开来。

② R 型聚类：对变量进行聚类，使具有相似性的变量聚集在一起，差异性大的变量分离开来，可在相似变量中选择少数具有代表性的变量参与其他分析，达到减少变量个数、降低维数的目的。

（2）层次聚类的两种方式。

① 凝聚方式聚类：其过程是，首先，每个个体自成一类；然后，按照某种方法度量所有个体间的亲疏程度，并将其中最亲密的个体聚成一小类，形成 $n-1$ 个类；接下来，再次度量剩余个体和小类间的亲疏程度，并将当前最亲密的个体或小类再聚到一类；重复上述过程，直到所有个体聚成一个大类为止。

可见,这种聚类方式对 n 个个体通过 $n-1$ 步可凝聚成一大类。

② 分解方式聚类:其过程是,首先,所有个体都属一大类;然后,按照某种方法度量所有个体间的亲疏程度,将大类中彼此间最"疏远"的个体分离出去,形成两类;接下来,再次度量类中剩余个体间的亲疏程度,并将最疏远的个体再分离出去;重复上述过程,不断地进行类分解,直到所有个体自成一类为止。可见,这种聚类方式对包含 n 个个体的大类通过 $n-1$ 步可分解成 n 个个体。

10.2.2 个体与小类、小类与小类间亲疏程度的度量方法

SPSS 中提供了多种度量个体与小类、小类与小类间亲疏程度的方法。与个体间亲疏程度的测度方法类似,应首先定义个体与小类、小类与小类的距离。距离小的关系亲密,距离大的关系疏远。这里的距离是在个体间距离的基础上定义的,常见的距离有:

(1)最近邻居(Nearest Neighbor)距离:个体与小类中每个个体距离的最小值。

(2)最远邻居(Furthest Neighbor)距离:个体与小类中每个个体距离的最大值。

(3)组间平均链锁(Between-groups linkage)距离:个体与小类中每个个体距离的平均值。

(4)组内平均链锁(Within-groups linkage)距离:个体与小类中每个个体距离以及小类内各个体间距离的平均值。

(5)重心(Centroid clustering)距离:个体与小类的重心点的距离。重心点通常是由小类中所有样本在各变量上的均值所确定的点。

10.2.3 层次聚类的基本操作

本节以"学生的训练成绩.sav"为例,演示如何进行层次聚类操作,并对结果进行分析。

■ 选择菜单:分析→分类→系统聚类,打开"系统聚类分析"主窗口。把参与层次聚类分析的变量"训练前成绩"、"训练后成绩"选到"变量"列表框中;把一个字符型变量"name"作为标记变量选到"标注个案"框中,它将大大增强聚类分析结果的可读性;在"分群"框中选择聚类类型,其中"个案"表示进行 Q 型聚类(默认类型),"变量"表示进行 R 型聚类;在"输出"框中选择输出内容,其中"统计量"表示输出聚类分析的相关统计量;"图"表示输出聚类分析的相关图形。本例的设置如图 10-1 所示。

图 10-1

■ 单击"方法"按钮指定距离的计算方法。

"度量标准"框中给出的是不同变量类型下的个体距离的计算方法,其中"区间"框中的方法适用于连续型定距变量;"计数"框中的方法适用于计数型变量;"二分类"框中的方法适用于二值变量。"聚类方法"框中给出的是计算个体与小类、小类与小类间距离的方法。如果参与聚类分析的变量存在数量级上的差异,应在"转换值"框中的"标准化"选项中选择消除数量级差的方法,并指定处理是针对变量的还是针对样本的。"按照变量"表示针对变量,适用于 Q 型聚类分析;"按个案"表示针对样本,适用于 R 型聚类分析。本例的设置如图 10-2 所示。

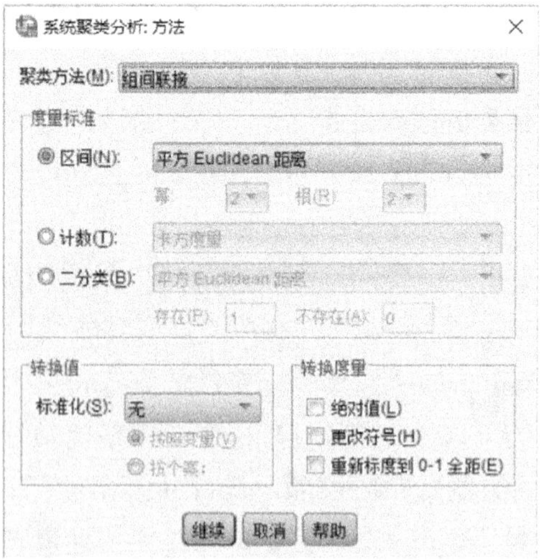

图 10-2

■ 单击"统计量"按钮指定输出哪些统计量。

"合并进程表"表示输出聚类分析的凝聚状态表;"相似性矩阵"表示输出个体间的距离矩阵。"聚类成员"框中,"无"表示不输出样本所属类,"单一方案"表示指定输出当分成 n 类时各样本所属类,是单一解。"方案范围"表示指定输出当分成 m 至 n 类(m 小于等于 n)时各样本所属类,是多个解。本例的设置如图 10-3 所示。

■ 单击"绘制"按钮指定输出哪种聚类分析图。

"树状图"选项表示输出聚类分析树形图;在"冰柱"框中指定输出冰柱图,其中,"所有聚类"表示输出聚类分析每个阶段的冰柱图,"聚类的指定全距"表示只输出某个阶段的冰柱图,输入从第几步开始,到第几步结束,中间间隔几步;在"方向"框中指定如何显示冰柱图,树形图以躺倒树的形式展现了聚类分析中每一次类合并的情况。SPSS 自动将各类间的距离映射到 0~25 之间,并将凝聚过程近似地表示在图上。本例的设置如图 10-4 所示。

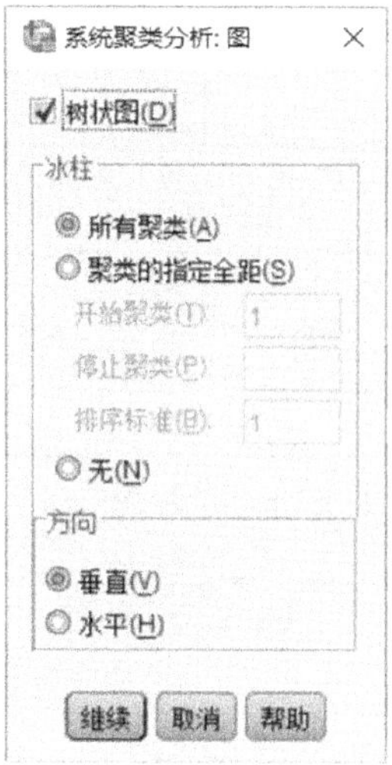

■ 单击"保存"按钮可以将聚类分析的结果以变量的形式保存到数据编辑窗口中。生成的变量名为 clun_m(如 clu2_1),其中 n 表示类数(如 2),m 表示是第 m 次分析(如 1)。

由于不同的距离计算方法会产生不同的聚类分析结果,即使聚成 n 类,同一样本的类归属也会因计算方法的不同而不同。因此实际分析中应反复尝试以最终得到符合实际的合理解,并保存于 SPSS 变量中。

本例的设置如图 10-5 所示,保存分成三类的结果。

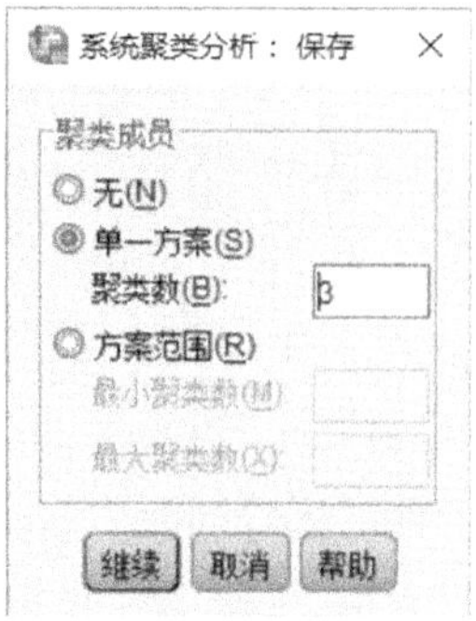

操作完成后,在输出窗口得到分析的结果。

图 10-3

图 10-4

图 10-5

表 10-1　聚类表

阶	群集组合		系数	首次出现阶群集		下一阶
	群集1	群集2		群集1	群集2	
1	2	8	1.000	0	0	7
2	1	10	4.000	0	0	4
3	4	9	10.000	0	0	4
4	1	4	28.000	2	3	6
5	5	6	50.000	0	0	8
6	1	7	67.500	4	0	7
7	1	2	160.900	6	1	9
8	3	5	175.000	0	5	9
9	1	3	477.286	7	8	0

表 10-2　群集成员

案例	3 群集	2 群集
1：A	1	1
2：B	1	1
3：C	2	2
4：D	1	1
5：E	3	2
6：F	3	2
7：G	1	1
8：H	1	1
9：I	1	1
10：J	1	1

结果分析：

表 10-1 为凝聚状态表。第一列表示聚类分析的第几步；第二列、第三列表示本步聚类中哪两个样本或小类聚成一类，该小类的名称是第二列中个体或小类的序号；第四列是个体距离或小类距离；第五列、第六列表示本步聚类中参与聚类的是个体还是小类，0 表示个体（样本），非 0 表示由第 n 步聚类生成的小类参与本步聚类；第七列表示本步聚类的结果将在以下第几步中用到。m 个样本需要 $m-1$ 个步聚成一个大类，第 k 步完成时可形成"样本量 -

k"个类。

表 10-2 显示了 10 名同学聚类的情况。聚类分析的第一步中,2 号样本(B 同学)与 8 号样本(H 同学)聚成一个类,它们的个体距离是 1.000,这个小类将在下面第 7 步用到,该小类的名称是 2;同理,聚类分析第 2 步中,1 号样本与 10 号样本聚成一个小类,该小类的名称为 1,将在第 4 步中用到;聚类分析第 3 步中,4 号样本与 9 号样本聚成一个小类,该小类的名称为 4,将在第 4 步中用到;在聚类分析的第 4 步中,来自第 2 步和第 3 步聚类中得到的名字分别是 1 与 4 的小类聚成一个新的小类,该小类的名称为 1,将在第 6 步中用到。依此类推。

表 10-2 所示的是当聚成 2 类时,A、B、D、G、H、I、J 为一类,C、E、F 为另一类;当聚成 3 类时,A、B、D、G、H、I、J 为一类,E、F 为一类,C 自成一类。

图 10-6 是一幅纵向显示的冰柱图。因其很像冬天房檐上垂下的冰柱而得名。观察冰柱图应从最后一行开始。当聚成 9 类时,H,B 为一类,其余的各成一类;当分成 3 类时,A、B、D、G、H、I、J 为一类,E、F 为一类,C 自成一类。

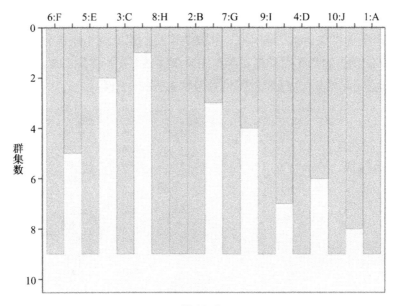

图 10-6

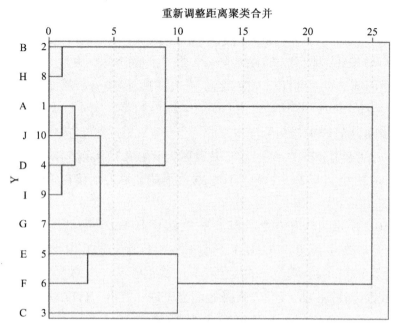

图 10-7

图 10-7 为聚类分析的树形图,以躺倒树的形式展现了聚类分析中的每一次类合并的情况,SPSS 自动将各类间的距离映射到 0～25 之间,并将凝聚过程近似地显示在图上。凝聚过程与凝聚状态表是一致的。

	name	xlq	xlh	xlqcj	xlhcj	CLU3_1
1	A	0	1	58.00	70.00	1
2	B	1	1	70.00	71.00	1
3	C	0	1	45.00	65.00	2
4	D	0	1	56.00	68.00	1
5	E	0	0	45.00	50.00	3
6	F	0	0	50.00	55.00	3
7	G	1	1	61.00	75.00	1
8	H	1	1	70.00	70.00	1
9	I	0	1	55.00	65.00	1
10	J	1	1	60.00	70.00	1

图 10-8

图 10-8 显示的是在数据视图中以变量形式保存的聚类结果,这里聚成了三类。

10.3 K-Means聚类

10.3.1 K-Means聚类分析的核心步骤

K-Means聚类也称快速聚类,将数据看成 k 维空间上的点,仍以距离作为测度个体"亲疏程度"的指标,并通过牺牲多个解为代价换得较高的执行效率,其核心步骤是:

- 指定聚类数目 K。
- 确定 K 个初始类中心。

SPSS 中初始类中心的指定方式有两种:一是用户指定方式;二是系统指定方式。

- 根据距离最近原则进行分类。

依次计算每个样本数据点到 K 个类中心点的欧式距离,并按距 K 个类中心点距离最短的原则,将所有样本分成 K 类。

- 重新确定 K 个类中心。

中心点的确定原则是:依次计算各类中 K 个变量的均值,并以均值点作为 K 个类的中心点。

- 判断是否已满足中止聚类分析的条件。

条件有两个:一是迭代次数(SPSS 中默认为 10);二是类中心点偏移程度,即新确定的类中心点距上个类中心点的最大偏移量小于指定的量(SPSS 中默认为 0.02)时终止聚类。

10.3.2 K-Means聚类分析的操作步骤

仍然以"学生的训练成绩.sav"为例,演示如何进行层次聚类操作,并对结果进行分析。

- 选择菜单:分析→分类→K – 均值聚类,打开"K 均值聚类"主窗口。选定参与 K-Means 聚类的变量放入"变量"框中;选择一个字符型变量作为标记变量放入"个案标记依据"框中,增加分析结果的可读性;在"聚类数"框中输入聚类数目,该数应小于样本数;如果用户自行指定初始类中心点,则勾选"读取初始聚类中心"复选框,并在"外部数据文件"框后给出存放初始聚类中心的 SPSS 数据文件名,否则本步可略去;在"方法"框中指定聚类过程是否调整类中心点,其中,"迭代与分类"表示在聚类分析的每一步都重新确定类中心点(SPSS 默认),"仅分类"表示聚类分析过程中类中心点始终为初始类心点,此时仅进行一次迭代。本例的设置如图 10-9 所示。

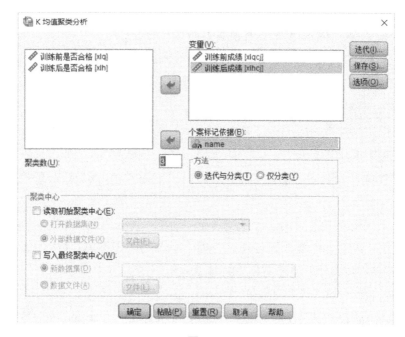

图 10-9

■ 单击"迭代"按钮确定终止聚类的条件。默认的最大迭代次数为 10,用户可以自行修改。在"收敛性标准"文本框中输入类中心的偏移量。另外,选中"使用运行均值"复选框表示每当一个样本被分配到一类时便立即重新计算新的类中心点,此时类中心点与样本分配的前后顺序有关;不选该复选框表示只有当完成了所有样本的类分配后再计算类中心,该方式可节省运算时间,通常不选中该复选框。如图 10-10 所示。

图 10-10

■ 单击"保存"按钮将聚类分析的部分结果以 SPSS 变量的形式保存到数据编辑窗口中,其中"聚类成员"表示保存样本所属类的类号;"与聚类中心的距离"表示保存样本距各自类中心点的距离。如图 10-11 所示。

■ 单击"选项"按钮确定输出哪些相关分析结果

图 10-11

和缺失值的处理方式。在"统计量"框中,"初始聚类中心"表示输出初始聚类中心点;"ANOVA 表"表示以聚类分析产生的类为控制变量,以 k 个变量为观测变量进行单因素方差分析,并输出各个变量的方差分析表;"每个个案的聚类信息"表示输出样本分类信息及距所属类中心点的距离。本例的设置如图 10-12 所示。

至此完成了 K-Means 聚类分析的全部操作。在输出窗口输出了分析结果。

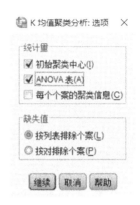

图 10-12

表 10-3　初始聚类中心

	聚类		
	1	2	3
训练前成绩	45.00	70.00	55.00
训练后成绩	50.00	71.00	65.00

表 10-4　迭代历史记录[a]

迭代	聚类中心内的更改		
	1	2	3
1	3.536	3.162	2.608
2	0.000	0.000	0.000

注：a. 由于聚类中心内没有改动或改动较小而达到收敛。任何中心的最大绝对坐标更改为 0.000,当前迭代为 2,初始中心间的最小距离为 16.155。

表 10-5　最终聚类中心

	聚类		
	1	2	3
训练前成绩	47.50	67.00	54.80
训练后成绩	52.50	72.00	67.60

表 10-6　每个聚类中的案例数

聚类	1	2.000
	2	3.000
	3	5.000
有效		10.000
缺失		0.000

结果分析：

表 10-3 展示了 3 个初始聚类中心点的情况，3 个初始聚类中心点的数据分别是(45.00,50.00),(70.00,71.00),(55.00,65.00)。可见，第二类各指数均是最优的，第三类次之，第一类最不理想。

表 10-4 展示了 3 个聚类中心每次迭代时的偏移情况。第 2 次迭代后，3 个类的中心点的偏移均小于指定的判定标准 0.02，聚类分析结束。

表 10-5 展示了 3 个类的最终聚类中心点的情况。3 个最终聚类中心的数据分别为(47.50,52.50),(67.00,72.00),(54.80,67.60)。第二类各指数均仍然是最优的，第三类次之，第一类最不理想。

表 10-6 展示了 3 个类的成员情况：第一类中有 2 个同学(下游水平)，第二类中有三个同学(上游水平)，第三类中有 5 个同学(中游水平)。详细的细分结果见数据视图中的变量 QCL_1，如图 10-13 所示，其中 QCL_2 是个案与距类中心点的距离。

	name	xlq	xlh	xlqcj	xlhcj	QCL_1	QCL_2
1	A	0	1	58.00	70.00	3	4.00000
2	B	1	1	70.00	71.00	2	3.16228
3	C	0	1	45.00	65.00	3	10.13903
4	D	0	1	56.00	68.00	3	1.26491
5	E	0	0	45.00	50.00	1	3.53553
6	F	0	0	50.00	55.00	1	3.53553
7	G	1	1	61.00	75.00	2	6.70820
8	H	1	1	70.00	70.00	2	3.60555
9	I	0	1	55.00	65.00	3	2.60768
10	J	1	1	60.00	70.00	3	5.72713

图 10-13

第 11 章 判别分析在教育研究中的应用

11.1 判别分析概述

判别分析是一种经典的多元统计分析方法,多用于对分类型变量的取值的分析和预测。判别分析能够在已有样本数据的基础上,分析类别变量与判别变量之间的数量关系,建立判别函数,最终实现对新数据类别变量取值的预测。这里,用于判别的变量称为判别变量,例如,价格、交易量、访问量、学科成绩等。被预测的变量称为类别变量,例如,店铺的星级、能否被填报学校录取等。

根据分类变量的类别个数,可将判别分析分为两组判别分析和多组判别分析;根据秘采用的数学模型,可将判别分析分为线性判别分析和非线性判别分析;根据判别准则,可将判别分析分为距离判别法、Fisher 判别法和贝叶斯判别法。

11.2 判别分析法的应用

案例 11-1 现在有一所大学通过综合评价招生的模拟数据,变量包括:学生在中学的各门考试的平均成绩之和($x1$)、面试成绩($x2$)以及录取结果(y,1 表示录取,2 表示不录取,3 表示选定)。利用该数据建立该大学学生录取的判别分析模型,进而预测新学生的录取情况。数据的文件名为"学生录取情况.sav"。

■ 选择菜单:分析→分类→判别。选择类别变量"录取结果"y 到"分组变量"框中,单击"定义范围"按钮给出类别变量取值范围,这里是 1—3,如图 11-1 所示的对话框。选择判别变量"学科平均成绩"与"面试成绩"到"自变量"框中,如图 11-1 所示的对话框。

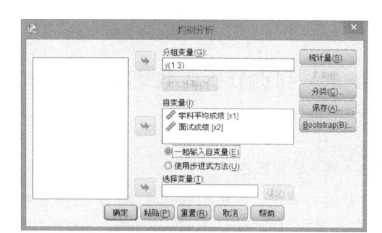

图 11-1

图 11-1 中"一起输入自变量"是指所有变量同时进入为默认策略;"使用步进式方法"为逐步筛选策略。这里的两个策略类似于多元统计分析中的变量筛选策略。

■ 在图 11-1 中单击"统计量"按钮,指定输出相应的统计量。如图 11-2 所示。

图 11-2

11.2.1 均值检验

要使判别分析的结果较为理想,多个类别总体下的各判别变量的均值应存在显著差异,否则给出错误判别的概率分较高。通常,应首先进行总体的均值检验,也就是判别各类别总体下的判别变量的组间差是否显著。

图 11-2 中的"均值"统计量输出如表 11-1 所示。该表给出了录取、不录

取以及待定三组中学科平均成绩与面试成绩的平均值与标准差。不难发现，录取组的平均值最高，待定组次之，不录取组最低。

表 11-1　组统计量

录取结果		均值	标准差	有效的 N(列表状态)	
				未加权的	已加权的
录取	学科平均成绩	561.258 1	67.715 07	31	31.000
	面试成绩	3.428 4	.287 97	31	31.000
不录取	学科平均成绩	443.107 1	67.046 88	28	28.000
	面试成绩	2.466 8	.166 20	28	28.000
待定	学科平均成绩	444.115 4	50.732 50	26	26.000
	面试成绩	2.995 4	.1864 7	26	26.000
合计	学科平均成绩	486.505 9	84.230 36	85	85.000
	面试成绩	2.979 2	.459 25	85	85.000

图 11-2 中的"单变量 ANOVA"统计量输出如表 11-2 所示。表中给出了两个判别变量的 Wilks' λ 值、方差分析的 F 检验统计量的观测值、自由度和概率 p-值。其中，Wilks' λ 值介于 0 到 1 之间，越接近 0 说明总离差中组内差所占的比例越小，各组间的均值差越大。取显著性水平为 0.05，由于概率 p-值小于显著性水平，应拒绝原假设，说明各类别总体下的判别变量的均值存在显著差异。这里，三组的学科平均成绩与面试成绩的均值均存在显著差异。

表 11-2　组均值的均等性的检验

	Wilks 的 Lambda	F	$df1$	$df2$	Sig.
学科平均成绩	.542	34.583	2	82	.000
面试成绩	.232	136.040	2	82	.000

11.2.2　协差阵齐性检验

在距离判别中，各类别总体的协差阵相等与不等将采用不同的判别函数，因此，应该检验协差阵是否存在显著差异，或采用 Box's M 法进行检验。

图 11-2 中的"分组协方差"和"总体协方差"选项的输出结果如表 11-3 所示。

表 11-3　协方差矩阵

录取结果		学科平均成绩	面试成绩
录取	学科平均成绩	4 585.331	3.451
	面试成绩	3.451	.083
不录取	学科平均成绩	4 495.284	-.070
	面试成绩	-.070	.028
待定	学科平均成绩	2 573.786	-6.083
	面试成绩	-6.083	.035
合计	学科平均成绩	7 094.753	18.991
	面试成绩	18.991	.211

表 11-3 给出了录取、不录取、待定三组的学科平均成绩和面试成绩的协差阵和总协差阵。结果表明,各组的协差阵有比较大的差异。比如录取组的学科平均成绩和面试成绩的协方差为正,是正相关,而其他两组为负,是负相关。

图 11-2 中的"组内协方差"和"组内相关"选项的输出结果如表 11-4 所示。

表 11-4　汇聚的组内矩阵

		学科平均成绩	面试成绩
协方差	学科平均成绩	3 942.406	-.615
	面试成绩	-.615	.050
相关性	学科平均成绩	1.000	-.044
	面试成绩	-.044	1.000

表 11-4 的第二行为合并的组内协差阵,是依据表 11-3 的前三个矩阵计算 SSCP 后求和并除以自由度得到的结果。第三行相关系数矩阵。

图 11-2 中的"Box's M(B)"选项的输出结果如表 11-5 所示。

表 11-5　检验结果

箱的 M	26.705
F 近似	4.293
$df1$	6
$df2$	146 732.896
Sig.	.000

表 11-5 中给出了统计量的观测值以及对应的概率 p-值。如果取显著性水平为 0.05，由于 0.000 < 0.05，因此拒绝原假设，认为各类别总体下的判别变量协差阵存在显著差异。

11.2.3 贝叶斯判别函数

图 11-2 中的"函数系数"的"Fisher(F)"选项的输出结果如表 11-6 所示。

表 11-6　分类函数系数

	录取结果		
	录取	不录取	待定
学科平均成绩	.153	.120	.122
面试成绩	70.405	50.781	61.369
（常量）	-164.822	-90.389	-120.152

根据表 11-6 可以得到录取、不录取和待定三个类别的贝叶斯判别函数：

$$录取 = -164.822 + 0.153x_1 + 70.405x_2$$
$$不录取 = -90.389 + 0.120x_1 + 50.781x_2$$
$$待定 = -120.152 + 0.122x_1 + 61.369x_2$$

将样本点直接代入判别函数，哪个函数的值大则相应的个案就属于哪个类别。

11.2.4　Fisher 判别函数

图 11-2 中的"函数系数"的"未标准化"选项的输出结果如表 11-7 所示。表示输出非标准化的 Fisher 判别函数的系数。若不勾选"未标准化"，则输出标准化的 Fisher 判别函数的系数。

表 11-7　典型判别式函数系数

	函数	
	1	2
学科平均成绩	.007	.014
面试成绩	4.082	-1.833
（常量）	-15.646	-1.467

非标准化系数

根据表 11-7 可以得到两个 Fisher 判别函数：

$$y_1 = -15.646 + 0.007x_1 + 4.082x_2$$

$$y_2 = -1.467 + .014x_1 - 1.833x_2$$

将所有的样本原始观测值代入上式,可以计算出各个样本点投影到新空间中的坐标。根据类的中心,可以用 Fisher 判别函数将各类样本分开。这里不详细展开解释,有兴趣的读者可以参看多元统计分析的相关教材。

11.2.5 各样本观测值的判别结果预测

■ 单击图 11-1 中的"分类"按钮,弹出如图 11-3 所示的对话框。勾选输出框中的"个案结果"与"摘要表",其中,"将个案限制在前"选项则用于指定输出预测个案的个数,默认为全部个案。这里,输入 10,其他选项不作改变。单击"继续"按钮回到上一个对话框,然后单击"确定"按钮,输出结果如表 11-8 所示。

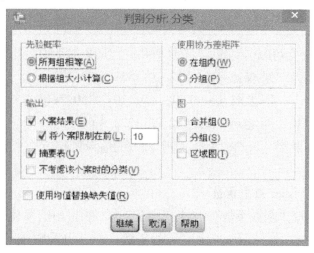

图 11-3

表 11-8 中,第一列为样本的个案观测编号,第二列为个案的实际所属类别,其余各列均为预测结果。其中,最高组部分为贝叶斯判别给出的最有可能的预测类别。**表示预测类别与实际观测类别不一致;P(D > d|G = g)为样本的似然值;P(G = g|D = d)为样本观测值属于 g 类(总体)的贝叶斯后验概率;到质心的平方 Mahalanobis 距离为样本观测值与所属类中心的平方马氏距离。第二最高组部分为贝叶斯判别给出的次有可能的预测类别;组为次可能的类别编号;P(G = g|D = d)为相应的贝叶斯后验概率;后一列仍为平方马氏距离。判别式得分部分为各样本的 Fisher 判别函数得分,是判别空间中观测点与总中心的距离。

表 11-8 按照案例顺序的统计量

	案例数目	实际组	预测组	最高组 P(D>d|G=g) P	最高组 pdf	最高组 P(G=g|D=d)	最高组 到质心的平方Mahalanobis距离	第二最高组 组	第二最高组 P(G=g|D=d)	第二最高组 到质心的平方Mahalanobis距离	判别式得分 函数1	判别式得分 函数2
初始	1	1	1	.109	2	.666	4.430	3	.315	5.929	.754	1.591
	2	1	3**	.693	2	.803	.735	1	.188	3.639	.608	-.491
	3	1	3**	.462	2	.609	1.544	1	.388	2.442	.999	-.510
	4	1	1	.727	2	.829	.638	3	.170	3.806	1.607	.003
	5	1	1	.340	2	.989	2.159	3	.011	11.188	3.082	-1.044
	6	1	1	.000	2	1.000	27.068	3	.000	61.715	7.572	.222
	7	1	1	.138	2	.908	3.959	3	.090	8.591	1.255	1.889
	8	1	1	.167	2	.993	3.580	3	.007	13.407	2.173	2.123
	9	1	1	.140	2	.889	3.931	3	.111	8.084	2.381	-1.742
	10	1	1	.745	2	.995	.589	3	.005	11.047	3.046	-.120

注：**．错误分类的案例

图 11-3 的输出框中的"摘要表"选项表示输出判别结果的混淆矩阵,结果如表 11-9 所示。

表 11-9 分类结果[a]

录取结果			预测组成员			合计
			录取	不录取	待定	
初始	计数	录取	27	0	4	31
		不录取	0	27	1	28
		待定	0	1	25	26
	%	录取	87.1	.0	12.9	100.0
		不录取	.0	96.4	3.6	100.0
		待定	.0	3.8	96.2	100.0

注:a. 已对初始分组案例中的 92.9% 个进行了正确分类。

表 11-9 显示,实际录取且预测也录取的有 27 人,有 4 人误判为待定,对录取类的判别正确率为 87.1%;同理,对于不录取和待定的预测的正确率分别为 96.4% 和 96.2%,模型预测的总正确率为 92.9%,比较理想。

11.2.6 保存判别结果

■ 在图 11-1 中单击"保存"按钮,弹出如图 11-4 所示的对话框。勾选所有选项。其中,"预测组成员"选项表示将各个个案的预测类别值保存到数据编辑器窗口;"判别得分"选项表示将各个个案的 Fisher 判别函数值保存到数据编辑器窗口;"组成员概率"选项表示将各个个案的贝叶斯概率值保存到数据编辑器窗口。

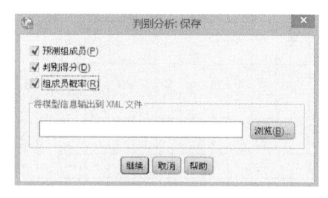

图 11-4

第12章 信度和效度分析

12.1 信度分析

12.1.1 信度分析概述

信度分析又称可靠性分析,是检验测量工具的可靠性和稳定性的主要方法。信度分析要回答的问题是:用这个测量工具在同一条件下对同一人进行测试,每次测试的结果是否相同的问题。在教育研究中如果使用的测量工具,无论对同一层次的谁施测,或使用什么形式,只要产生相似的结果,那么可以认为此测量工具是可信的。信度问题其实测的是一致性的问题,所谓信度是衡量没有误差的程度。一致性分为内部一致性和外部一致性。

12.1.2 测度信度的常用指标

(1) 内部一致性系数。

① 克伦巴赫(Cronbach)α 系数,是测度内部一致性的一个指标,α 的值在 0~1 之间。α 越接近1,则量表中项目的内部一致性越高。α 系数的计算式非常简单,其数学定义为

$$\alpha = \frac{k\bar{r}}{1+(k-1)\bar{r}}$$

其中:k 是量表中评估的项目数,$\bar{r}$ 为 k 个项目相关系数的均值。

α 系数可能为负值,这说明了量表中的项目里有与想测的对象无关甚至相反的内容,删去这些项目再计算。克伦巴赫 α 系数在不同范围内的评价结果如表 12-1 所示。

表 12-1 克伦巴赫 α 系数与评价结果

取值范围	评价结果
$\alpha \geq 0.9$	信度好
$0.8 \leq \alpha < 0.9$	可以接受
$0.7 \leq \alpha < 0.8$	修订量表
$\alpha < 0.7$	不能接受

② 半分信度，是将调查项目分为两半，计算两半得分的相关系数，进而估计整个量表的信度。半分信度属于内在一致性系数，测量的是两半题项得分间的一致性。这种方法一般不适用于事实式问卷（如年龄、性别等），常用于态度、意见式问卷的信度分析。在问卷调查中，态度测量最常见的形式是5级李克特量表。进行半分信度分析时，如果量表中含有反向题项，应先将反向题项的得分做逆向处理，以保证各题项得分方向的一致性，然后将全部题项按奇偶或前后分为尽可能相等的两半，计算二者的相关系数 r_{hh}（即半个量表的信度系数），最后用斯皮尔曼-布朗公式加以纠正，求出整个量表的信度系数 r_{xx}。校正公式为

$$r_{xx} = \frac{2r_{hh}}{1 + r_{hh}}$$

（2）重测信度。

重测信度是用同样的问卷对同一组被调查者间隔一定时间重复施测，通过计算得到的两次施测结果的相关系数。显然，重测信度属于稳定系数。重测信度法特别适用于事实式问卷，如性别、出生年月等在两次施测中不应有任何差异，大多数被调查者的兴趣、爱好、习惯等在短时间内也不会有十分明显的变化。如果没有突发事件导致被调查者的态度、意见突变，这种方法也适用于态度、意见式问卷。

（3）复本信度。

复本信度是让同一组被调查者一次填写两份问卷复本，得到的两个复本的相关系数。复本信度属于等值系数。复本信度法要求两个复本除表述方式不同外，在内容、格式、难度和对应题项的提问方向等方面要完全一致。

案例12-1　用同一份试卷对12名同学进行了两次速算测试，时间间隔3个月，数据保存在"重测信度数据.sav"中，计算重测信度。

SPSS中计算重测信度的步骤如下：

■ 选择菜单：分析→相关→双变量，打开"双变量相关"对话框，选择变量"X成绩"、"Y成绩"到"变量"框中；在"相关系数"框中选择"Pearson"。设置如图12-1所示，操作完成后得到表12-2。

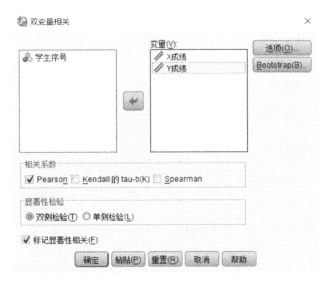

图 12-1

表 12-2 相关性

		X 成绩	Y 成绩
X 成绩	Pearson 相关性	1	0.941**
	显著性(双侧)		0.000
	N	12	12
Y 成绩	Pearson 相关性	0.941**	1
	显著性(双侧)	0.000	
	N	12	12

注：**. 在 0.01 水平(双侧)上显著相关。

结果分析：

表 12-2 显示，X 成绩与 Y 成绩的相关系数为 0.941，说明 X 成绩与 Y 成绩有很强的相关性，即测验结果有很强的可靠性，也即测试用试卷有很强的可靠性。

案例 12-2 用英语 A、B 复本对初中三年级 10 名学生施测，为避免施测顺序造成误差，其中 5 名学生先做 A 型题，休息 20 分钟后再做 B 型题；而另一组 5 名学生先做 B 型题，休息 20 分钟后再做 A 型题。10 名学生的 A 型题成绩记为 X，B 型题成绩记为 Y，结果保存在"复本信度数据.sav"中。计算其复本信度。

SPSS 中计算复本信度的操作步骤如下：

■ 选择菜单：分析→相关→双变量，打开"双变量相关"对话框，选择变量"A 型题成绩［X］"、"B 型题成绩［Y］"到"变量"框中；在"相关系数"框中选择"Pearson"。设置如图 12-2 所示，操作完成后得到表 12-3。

图 12-2

表 12-3　相关性

		A 型题成绩	B 型题成绩
A 型题成绩	Pearson 相关性	1	0.900**
	显著性（双侧）		0.000
	N	10	10
B 型题成绩	Pearson 相关性	0.900**	1
	显著性（双侧）	0.000	
	N	10	10

注：**. 在 0.01 水平（双侧）上显著相关。

结果分析：

表 12-3 显示，X 型题成绩与 Y 型题成绩的相关系数为 0.900，说明测验的复本可靠性较高。

案例 12-3 利用"自我效能感调查表.sav"中的数据,计算量表的克伦巴赫 α 系数。

SPSS 中的操作步骤如下:

■ 选择菜单:分析→质量→可靠性分析,打开"可靠性分析"对话框,选择第 11 个变量至第 45 个变量到"项目"框中;在"模型"下拉列表框中选择"α"。设置如图 12-3 所示。

图 12-3

■ 单击"统计量"按钮,打开"可靠性分析:统计量"子对话框。对话框中的各项意义如下:

在"描述性"框中,"项(I)"表示计算每一个变量的平均数和标准差;"度量(S)"表示将项加总分,然后计算总分数的均值和方差;"如果项已删除则进行度量(A)"是一项非常重要的内容,表示从量表中删除此项目后重新计算量表的克伦巴赫 α 系数,如果删除此项能提高信度 α,则应该删除此项。

在"摘要"框中,"均值""方差"指的是所有要分析的项目的均值、方差计算常用统计量的值;"协方差""相关性"是指对进入分析的每个变量与其他所有变量之和之间计算协方差和相关系数,计算出来的相关系数进行平均得出克伦巴赫 α 系数公式中的 $\bar{r}$。

"项之间"是指计算两两变量之间协方差和相关系数。

"Hotelling 的 T 平方"是指对进入分析的变量的均值是否相等所进行的多个 t 检验。

"ANOVA 表"中的 F 检验显示重复测量的方差分析表。

本例的设置如图 12-4 所示。

图 12-4

完成操作后,输出结果如表 12-4、表 12-5 所示。

表 12-4 可靠性统计量

Cronbach's Alpha	项数
0.831	35

表 12-5 项总计统计量

	项已删除的 刻度均值	项已删除的 刻度方差	校正的项 总计相关性	项已删除的 Cronbach's Alpha 值
认为自己的智力水平较高 1	84.61	127.456	0.335	0.827
遇到困难会认为自己数学学习不行 2	84.02	126.546	0.378	0.825
认为学习能力在班级前列 3	84.85	124.596	0.481	0.822
完成学习任务是一件轻松的事 4	84.51	127.374	0.376	0.826
知识点太多或相近会混淆 5	84.48	127.654	0.324	0.827
能完成各种类型的数学题 6	84.70	126.713	0.469	0.823

续表

	项已删除的刻度均值	项已删除的刻度方差	校正的项总计相关性	项已删除的Cronbach's Alpha 值
常发表自己认为有道理的意见 7	84.76	128.090	0.324	0.827
能很好地表达自己的意见并能说服别人 8	84.36	128.823	0.300	0.828
作业多时会抄袭或不做 9	84.24	128.762	0.288	0.828
上课时开小差,不能认真听讲 10	84.21	127.272	0.342	0.826
想去另外的学校学习 11	83.85	130.473	0.141	0.834
觉得学校死气沉沉,没有生气 12	84.11	130.283	0.148	0.834
解题时会不断尝试,直到完成为止 13	84.25	126.145	0.458	0.823
老师批评时会尽快改正 14	83.87	130.591	0.226	0.830
在学校里能做到努力学习数学 15	83.81	129.510	0.279	0.828
不能迅速找出图形各部分之间的联系 16	84.38	130.503	0.236	0.829
经常会遇到做不出答案的数学题目 17	84.48	128.846	0.296	0.828
善于将所学的内容概括成知识系统 18	84.77	129.156	0.290	0.828
心里没底,经常和同学对答案 19	84.43	128.777	0.266	0.829
能自主学习 20	84.40	128.052	0.344	0.826
记忆能力和探究能力比较强 21	84.66	125.256	0.520	0.822
碰到不懂的会认真钻研并最终解决这个问题 22	84.41	125.000	0.547	0.821
能找到有效的学习方法学好数学 23	84.59	125.552	0.517	0.822
老师很喜欢我,对我的学习非常关心 24	84.63	125.432	0.454	0.823
老师经常让我回答问题,引导思考直至解决问题 25	84.55	125.307	0.422	0.824
数学学习中出现困难老师会鼓励 26	84.08	127.633	0.323	0.827

续表

	项已删除的刻度均值	项已删除的刻度方差	校正的项总计相关性	项已删除的Cronbach's Alpha值
数学考试没考好,父母会很生气 27	84.09	133.951	0.011	0.837
做错了事情,父母会和平交谈 28	83.82	133.165	0.052	0.835
害怕发成绩单,感觉自己没考好 29	84.52	129.226	0.217	0.831
碰到新的题型感觉没有把握 30	84.62	128.049	0.314	0.827
相信有能力学好数学 31	83.98	128.534	0.302	0.828
解题时会想更好的办法 32	84.66	125.560	0.448	0.823
充分挖掘隐含条件,寻求合理解题步骤 33	84.47	124.639	0.530	0.821
相信下次一定能考好 34	83.87	130.424	0.209	0.830
相信会超过学习成绩比自己好的同学 35	83.71	129.370	0.277	0.828

结果分析:

表 12-4 表明,本调查问卷中进行信度分析的指标有 35 个,信度系数为 0.831,信度较好,调查的结果可用。

表 12-5 显示了剔除某个指标后的情况。第一列是量表中参与分析的指标;第二列是剔除某指标后剩余评估指标的总平均分;第三列是剔除某指标后剩余评估指标的总平均的方差;第四列是某评估指标与其余评估指标总分的简单相关系数;第五列是剔除某评估指标后的信度系数。例如,在剔除了评估指标"数学考试没考好,父母会很生气"后,信度系数变成了 0.837,高于 0.831,于是可以删除该指标进行分析。

12.2 效度分析

在进行教学研究时,我们会运用调查问卷来进行调研,或运用试卷检测教学效果。我们关心的是问卷或试卷的有效性与准确性如何,也就是说,所使用的问卷或试卷能否达到调研或测试的目的。这就要进行效度分析。

效度指测量结果的准确性和有效性,即测量是否达到了预期的目的。效度有以下三种类型:

(1) 内容效度,指检测测验项目在多大程度上测量了特定的目标并反映了任务的范围或领域。主要用于成就测验、学科测验、选拔和分类职业测验。

(2) 效标关联效度,指测验分数与某一外部效标之间的相关程度,即测验结果能够代表或预测效标地行为的有效性和准确性程度。

(3) 结构效度,指一个测量能实际测量出理论上的构想或心理特性的程度。主要应用于智力测验、人格测验等心理测量。

效度的取值范围在 0~1 之间。一般来说,效度系数在 0.4~0.7 之间,值越大效度越高。有的效度系数达到 0.35 就符合要求,有的要达到 0.65 才能被认为是有效的测验。

案例 12-4　教师想要了解某次考试是否反映了学生的真实水平,进行了这样的试验:在平时的课堂教学过程中通过评价量规对学生的平时表现进行了过程性的评价,并记为学生的"平时成绩";在课程结束后通过试卷对学生进行了总结性测试,记为学生的"卷面成绩";结果保存在"效度分析数据 1.sav"中;采用效标关联效度分析法进行分析。

SPSS 中进行效标效度分析的操作步骤如下:

■ 选择菜单:分析→相关→双变量,打开"双变量相关"对话框,选择变量"平时成绩[PS]"、"卷面成绩[JMCJ]"到"变量"框中;在"相关系数"框中选择"Pearson"复选框。设置如图 12-5 所示,操作完成后得到表 12-6。

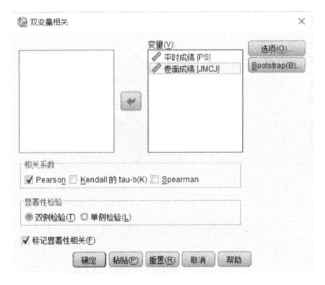

图 12-5

表 12-6　相关性

		平时成绩	卷面成绩
平时成绩	Pearson 相关性	1	0.865**
	显著性（双侧）		0.000
	N	18	18
卷面成绩	Pearson 相关性	0.865**	1
	显著性（双侧）	0.000	
	N	18	18

注：**. 在0.01水平（双侧）上显著相关。

结果分析：

表12-6显示，平时成绩和卷面成绩的相关系数为0.865，说明本次考试与平时成绩的相关性较强，即本次考试反映了学生的真实水平，有效性和准确性非常好。

案例12-5　利用"自我效能感调查表.sav"中的数据，采用因子分析模型对调查的量表进行结构效度分析。

SPSS中进行结构效度分析的操作步骤如下：

■ 选择菜单：分析→降维→因子分析（F），打开"可靠性分析"的主窗口对话框，把参与因子分析的变量选到"项目"列表框中。设置如图12-6所示。

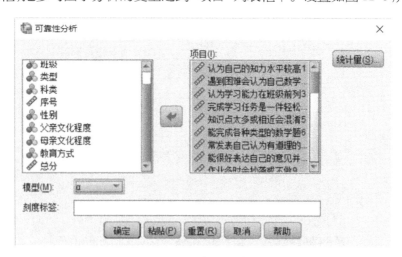

图 12-6

■ 在主窗口中单击"描述(D)"按钮指定输出结果。勾选"原始分析结果"和"KMO 和 Bartlett 的球形度检验"复选框,如图 12-7 所示。

■ 在主窗口中单击"抽取(E)"按钮指定提取因子的方法。在"方法(M)"框中选择"主成分";在"分析"框中选中"相关性矩阵";在"抽取"框中选择"基于特征值"且在"特征值大于(A)"后输入一个特征值1,如图 12-8 所示。

■ 在主窗口中单击"旋转(T)"按钮选择因子旋转方法。在"方法"框中选择"最大方差法(V)";在"输出"框中选择"旋转解(R)",如图 12-9 所示。

图 12-7

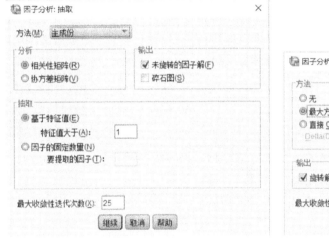

图 12-8

图 12-9

操作完成后,在输出窗口及数据视图中有相应的分析结果。

表 12-7　KMO 和 Bartlett 的检验

取样足够度的 Kaiser-Meyer-Olkin 度量		0.833
Bartlett 的球形度检验	近似卡方	3 379.136
	df	595
	Sig.	0.000

结果分析:

由表 12-7 可知 KMO 的值为 0.833,根据 Kasie 给出的 KMO 度量标准可知原有变量适合进行因子分析。另一方面,Bartlett 球形度检验的 p-值(Sig.)接近为零,故拒绝原假设,认为相关系数矩阵与单位矩阵有显著差异,原有变量适合进行因子分析。

表 12-8　解释的总方差

成分	初始特征值			提取平方和载入			旋转平方和载入		
	合计	方差的/%	累积/%	合计	方差的/%	累积/%	合计	方差的/%	累积/%
1	6.165	17.614	17.614	6.165	17.614	17.614	3.474	9.927	9.927
2	2.806	8.018	25.632	2.806	8.018	25.632	2.649	7.568	17.495
3	2.049	5.855	31.487	2.049	5.855	31.487	2.089	5.970	23.465
4	1.747	4.992	36.479	1.747	4.992	36.479	2.002	5.721	29.186
5	1.448	4.136	40.615	1.448	4.136	40.615	1.898	5.423	34.609
6	1.225	3.501	44.116	1.225	3.501	44.116	1.783	5.095	39.704
7	1.159	3.311	47.427	1.159	3.311	47.427	1.641	4.690	44.394
8	1.133	3.237	50.664	1.133	3.237	50.664	1.534	4.383	48.777
9	1.078	3.079	53.743	1.078	3.079	53.743	1.393	3.981	52.758
10	1.015	2.899	56.642	1.015	2.899	56.642	1.359	3.884	56.642
11	0.978	2.794	59.436						
12	0.918	2.622	62.058						
13	0.850	2.427	64.485						
14	0.837	2.392	66.877						
15	0.809	2.312	69.190						
16	0.762	2.178	71.368						
17	0.735	2.099	73.466						
18	0.718	2.052	75.519						
19	0.702	2.006	77.524						
20	0.662	1.892	79.417						
21	0.651	1.859	81.276						

续表

成分	初始特征值			提取平方和载入			旋转平方和载入		
	合计	方差的/%	累积/%	合计	方差的/%	累积/%	合计	方差的/%	累积/%
22	0.604	1.726	83.002						
23	0.573	1.636	84.638						
24	0.563	1.610	86.248						
25	0.545	1.556	87.804						
26	0.521	1.488	89.292						
27	0.496	1.417	90.709						
28	0.484	1.382	92.091						
29	0.478	1.366	93.457						
30	0.440	1.256	94.713						
31	0.418	1.194	95.907						
32	0.403	1.153	97.060						
33	0.369	1.054	98.114						
34	0.353	1.007	99.121						
35	0.308	0.879	100.000						

注：提取方法为主成分分析。

表12-8显示，抽取10个因子后的方差累积贡献率为56.642%，即量表的结构效度为0.5642，结构效度一般。

参考文献

[1] 张屹,周平红.教育研究中定量数据的统计与分析:基于SPSS的应用案例解析[M].北京:北京大学出版社,2015.

[2] 张屹,周平红.教育技术学研究方法[M].北京:北京大学出版社,2013.

[3] 薛薇.基于SPSS的数据分析[M].3版.北京:中国人民大学出版社,2014.